ZHUOYUE TIYU JIAOSHI NEISHENGSHI CHENGZHANG DE SHIJIAN YU SIKAO

卓越体育教师
内生式成长的实践与思考

王安◎著

文化发展出版社
Cultural Development Press
·北京·

图书在版编目（CIP）数据

卓越体育教师内生式成长的实践与思考/王安著．—北京:文化发展出版社，2024．7．—ISBN 978-7-5142-4362-8

Ⅰ．G807

中国国家版本馆CIP数据核字第2024GU2646号

卓越体育教师内生式成长的实践与思考

王　安　著

出 版 人：宋　娜

责任编辑：孙　烨　　　　责任校对：岳智勇

责任印制：邓辉明　　　　封面设计：中尚图

出版发行：文化发展出版社（北京市翠微路 2 号　邮编：100036）

发行电话：010-88275993　010-88275711

网　　址：www.wenhuafazhan.com

经　　销：全国新华书店

印　　刷：天津中印联印务有限公司

开　　本：710mm×1000mm　1/16

印　　张：14.5

字　　数：200千字

版　　次：2024 年 7 月第 1 版

印　　次：2024 年 7 月第 1 次印刷

定　　价：58.00 元

I S B N：978-7-5142-4362-8

◆ 如有印装质量问题，请电话联系：010-65583678

·前　言·

做一个追梦的少年

二十大报告指出，要全面贯彻党的教育方针，落实立德树人根本任务，发展素质教育，培养德智体美劳全面发展的社会主义建设者和接班人。学校体育工作是落实立德树人的重要载体，体育教师是落实和实现立德树人的重要力量之一。那么，如何成为卓越体育教师，卓越体育教师的特征和素养表现在哪些方面呢?

卓越体育教师需要具备发展之道

中央电视台体育频道播出的系列专题片《我是体育教师》在广大体育教师中引起了极大的反响，体现了学校体育在教育中的重要地位和作用，体现了对体育教师劳动价值的认可和人格的尊重，是教育本质回归和教育理念的一次突破。体育教师职业素养的修炼与专业成长尤为重要。本书从新时代年轻体育教师专业成长面临的问题及对策、年轻体育教师专业化成长的有效路径等方面，通过不断“学习—实践—反思—总结”，积极寻找解决对策。克服职业倦怠，拥有敬业的态度和优秀的职业品质是一名优秀体育教师的必备条件。

卓越体育教师需要具备教学之道

“少年强则中国强，体育强则中国强”，作为体育教师，要拼尽全力教育学生，具备必要的品格和关键能力，树立健康第一的教育理念，帮助学生在体育锻炼中增强体质、健全人格、锤炼意志、享受乐趣。

体育教法如何创新？学法如何有效指导？体育技能如何提高？如何保证学生的心理健康和社会适应能力？该书从体育教师的视角对体育与健康课堂教学、课程资源的开发与利用等问题进行了思考和践行，立足教师的专业成长，以研究的眼光和视野写出了所思、所想、所做。学生核心素养如何培养？如何对学生进行客观公正地评价？体育教师要根据教材内容和学生特点灵活安排、变换教学方法，运用合理、新颖的教学组织形式，增强体育教学的吸引力，激发学生的学习热情，满足学生的需求，掌握体育知识，提高运动能力和技术水平，为终身体育打下坚实的基础。教学工作中，要抓好课堂纪律、做好准备活动，设计出有效突破教学重难点的方法，落实课堂安全，避免师生冲突，科学进行课堂评价等，构建高效体育课堂。在行动中思考，在思考中实践，在实践中总结，不断完善自我、完善课堂，提升课堂效益，构建和谐的师生关系，让体育课“动”起来，“活”起来。

卓越体育教师需要具备创新之道

“体育承载着国家强盛，民族振兴的梦想，要把发展体育工作，提上重要日程，狠抓落实。”基于新时代教师发展要求，该书对体育教学基本要求和做法、体育课程资源的开发与利用等时间问题进行了积极、深刻的研究。体育校本课程资源的开发是实施素质教育的载体，为提高学生的素质发挥着巨大的作用。如何创新、合理地开发和利用课程资源？如何培养学生的体育素养、创造精神，增强学生的体质？该书从中小学开发和利用体育课程资源存在的问题入手，思考体育课程资源有效开发与利用的有效策略，科学开发生活中的课程资源，如橡皮筋、彩带、接力棒、跳绳、编织袋、彩旗等，组织学生开展既有趣，又能提升身体素质的体育游戏，发挥生活资源的育人功能，一物多用，服务教学，实现运动技能、行为习惯、体育品德等学生核心素养的培养目标，让创新贯穿体育教学和活动的始终。

习近平总书记在全国教育大会上指出，“要在增强综合素质上下功夫，教育引导学生培养综合能力，培养创新思维。”学生对体质健康问题与锻炼的重要性认识不够、体育意识不强，这与体育活动组织不力和社会舆论导向等因素密切相关。“每天锻炼一小时，健康工作五十年，幸福生活一辈子”的健康理念落实力度需要再认识，再落实。

卓越体育教师需要具备育人之道

学校体育成就的不仅仅是健康的体魄和心灵，更关键的是坚毅的品格。学校体育要把体育课、课外体育活动等作为立德树人的重要载体，与培育社会主义核心价值观紧密结合起来，强化爱国主义、集体主义，塑造学生阳光、健康、文明、向上的精神风貌，体育与德育、智育、美育相互促进，协调发展。作为体育教师，要走入学生的内心世界，了解学生对体育课的需求。在与学生共同成长的生命历程中，教师要真心付出、认真倾听，体会发生在自己教学过程中的精彩！本书中《“牵”手观“音”，“豪”情万丈》一节，将学生作为学习和发展的主体，充分发挥学生学习的主观能动性，调动学生主动参与教学的积极性，科学地处理好“教、学、练、赛、评”的关系，使学生成为课堂学习的主人。教育是爱的事业，只有心中有爱，才会赢得学生的“尊师”和爱戴；只有热爱学生的教师，才能热爱教育事业。

有人说，体育教育是太阳底下最阳光、最富有朝气、最充满希望和前途的事业，每位体育教师都有自己的梦想，这是伟大中国梦的重要组成部分。自尊、自励、自爱、自强，用敬业的态度、辛勤的汗水、出色的成绩做一个追梦人！

王 安

2024 年 1 月

目　录

CONTENTS

第一章 »

发展之道：我的成长我来做主

从昔日的学子成长为今日的教师，不仅是一种身份的转换，更是知识技能储备向教育教学能力的蜕变。在这一过程中，教师要发现和正确处理工作、生活中所面临的问题，通过主观努力，积极寻找解决对策，适应体育教学，胜任体育教学，促进专业能力提升，努力成为一名合格教师。

第一节　体育教师职业素养的修炼

体育教师要掌握一定的专业知识，懂得教育的规律，不仅要具有听、说、读、写、评等能力，而且必须具有较高的职业素养。职业素养在体育教师素质结构中起着基础性和引导性的作用。体育教师的职业素养包括思想、人文、科学、艺术、技能和道德素养等。教师职业素养的修炼包括：热爱教育事业，树立正确的教育理念，提升思想修养；热爱学生，完善自身人格，提升人文修养；发展自身特长，丰厚知识积累，形成教学特色，提高教学效果，提升科学素养；娴熟掌握职业技能，创新个性特征，提升艺术素养等。提升体育教师职业素养，强化能力提升，是摆在每个体育教师面前的一个重要课题。

一、体育教师专业成长面临的问题及对策

从昔日的学子变为今日的教师，身份的转变往往会让人感到无所适从，因为这不仅是一种角色的转换，更是知识技能向教育教学能力的转化。及时发现所面临的问题，并积极找到解决对策，不仅有利于体育教师顺利走上教学岗位，而且可以促进自身更快地成长。

（一）外部因素产生的问题及对策

接受过高等教育的教师，一般身处经济发达的大中城市，他们往往认为“外面的世界很精彩”，而一旦来到条件落后、环境较差的山村或小城镇学校任教后，年轻教师容易出现心理落差，产生不良情绪。学校根据班级、教师、课程开设等现实情况，对教师的任课分工也会有所不同，体育教师

兼任其他科目教师的现象严重，容易让年轻体育教师产生“大材小用”“不会教或教不了”的困惑。

策略 1：端正态度，学会适应。

遇到学校的活动场地小、体育器材不能满足学生需求等问题，就需要发挥教师自身主动性，合理巧妙地利用现有的场地，有组织地安排学生开展各项体育活动。如对于体育器材缺乏的问题，可以鼓励学生凑一些。无论在多么困难的环境和条件下，只要努力，一定会领悟到“为人师”的乐趣。

策略 2：虚心好学，一专多能。

体育教师在农村中小学兼任其他学科教师的现象比较普遍。其实，各学科知识点的有效融合，可以使学生更容易领悟和掌握一节课的学习重点。如把体育教学中的“报数”内容引入数学教学（“质数与合数”）；组织学生开展“纸文化的研究”时，学生利用废旧报纸做游戏，如折飞机掷远、做纸球射门等，感受体育带来的快乐。

（二）教师自身产生的问题及对策

问题：对待课堂偶发事件不沉着、不冷静，易急躁。

由于学生的年龄、性格特点、知识结构、认知水平、运动能力不同，课堂中往往发生意想不到的“不和谐”现象，如体育课上学生相互打闹、倚强凌弱，或者上完几节课后个别学生不能正确掌握动作要领等，面对课堂的偶发事件或“困难学生”，年轻体育教师由于缺乏经验，往往会“气不打一处来”。

策略：宽以待生，呵护引导。

体谅学生的个体困难，用宽容的心、睿智的话语引导他们积极向上，呵护他们的自尊心和自信心。对于调皮捣乱的学生，体育教师不应斤斤计较，要多做思想工作，真心关爱他们，尽可能包容他们的“不足”，要动之以情，晓之以理。

问题：理念与实践不相符——眼高手低。

初为人师，年轻教师在制定教学目标和计划时往往与学生实际水平相脱离，教学目标过高，出现教育教学手段单一，课堂教学内容乏味、单调，学生学习兴趣淡薄的问题。

策略：脚踏实地，理论与实践相结合。

一个称职的体育教师，只有通过不断的努力才会对教学工作得心应手。因此，踏入工作岗位，教师首先应该认真学习体育与健康课程标准，熟知本年级的体育教材、教学内容和教学目标，了解学生情况，精心备课（教案与预案），在课堂中发现问题、感悟问题，把间接经验和直接经验有机结合。“天才是百分之一的灵感加上百分之九十九的汗水”，只有不断为自己充电，时刻反思，努力提高自身的综合能力，改进并挖掘教学方法，才能做到教学理念和教学实际有机结合。

问题：畏惧讲课，害怕出丑。

在学校组织的教研活动和课堂开放日，由于体育教师人数少，往往会出现“你推我让”的现象。

策略 1：踮踮脚尖，拜师学艺。

青年体育教师有热情、有能力，也任劳任怨，在课堂效果、课堂艺术的提升方面，一定要学会主动和有经验、教学能力强的骨干体育教师结对子，学习老教师的敬业精神和吃苦耐劳的品格，学习他们优秀的体育教学方法、学法指导与训练经验，以及他们所积累、储备的丰厚知识及驾驭课堂的能力，提高对体育课的认知。主动“拜师”是一种进步，良好的开端就意味着成功了一半。

策略 2：听课入手，强化内功。

听课是提升教学水平的重要手段之一，也是每一位年轻教师专业化成长的必经之路。听课前应预先了解教材内容，头脑中有一个大致的框架；听课中多思考，如“这样讲的优点是什么”“还可以如何讲才能够让学生更容易接受和理解”，把不同的见解记录下来，如教材的处理、技术动作重难点的突破等；听课后同执教教师交流意见，思考自己的教学行为，认识存在的问题，吸收先进的课堂理念，获取经验，把听课的体会转化为自己的教学实践，在具体的教学实践中不断提升、完善和发展。

策略 3：敢于展示，增强自信。

“机不可失，时不再来。”机遇对于每一个人来说都是平等的，年轻教师要始终保持积极主动的心态，把握住每一次机会。特别是面对上级教研部门教学调研时，要积极参与，敢于展示，不论是讲解示范、练习组织、场地器材的利用等，都要展示出扎实的基本功，课后要认真听取教研员和老师们的建议和意见，反思感悟，从中发现不足，虚心改正，增强自信心，为今后教学打下坚实的基础。

二、体育教师专业化成长的有效路径

工作之初，体育教师所教学的班级、所处的教师团队等都不太固定，会随时调整，又或者新教师到岗后，存在各种评比排序，竞争很激烈，年轻教师对此或许感到压力较大，但变化无处不在，竞争也处处都有，年轻教师要学会适应不断变化的工作环境，才能有所作为，要在精研专业知识的基础上，不断学习，发扬年轻人的优势，主动去适应新形势，认识新事物，完成新任务。

（一）激活内驱力，胜任岗位职责

工作之初树立“教育名家”的意识非常重要，有了这种意识，对教师职业的看法就可能提高了一个层次，工作上就会更主动、更积极、更投入，而主动、积极与投入是通向成功之门的必经之路。体育教师要高瞻远瞩，激活内驱力，增强发展的意识，才能努力“成长发展”。激活内驱力的重要表现就是有良好的态度，态度决定成败。能力可以有待提高，但态度一定要正确，不然就会影响整个体育教师队伍的形象。因此，干一行爱一行，年轻教师要从热爱本职工作开始，提升专业能力。

（二）加强自身学习，修炼好“内功”

一名称职的体育教师，要不断为自己充电，可以主动向有经验、教学能力强的骨干体育教师请教，学习他们优秀的体育教学方法，提高对体育课的认知。认真研读新课程标准，提升新课程的设计能力。熟悉教材，解读教材，对教材的框架或编排方式做认真钻研。只有了解了新课程标准，才能把握学科目标，把握好每一堂课的教学目标及重点、难点，才能精准地处理教材，游刃有余地驾驭课堂。

（三）提高反思能力，优化教学过程

第一，主动授课。邀请领导和同行听课，并请他们提出指导意见。要向身边的人学习，虚心请教，学习他们的宝贵经验，交流探讨的过程也是融洽人际关系的一剂良药。年轻教师要养成反思的习惯，不仅要基于自身的运动技能和教学理论知识从事教学，而且要在具体的教学行为中不断反思，在实践中学习，不断对知识与经验进行重组，把理论和实践有效地结合起来，提高自己的专业技能。

第二，强化内功。从听课入手，虚心听课是每一位青年教师专业成长的必经之路，把听课的感悟转化为自己的行动，在具体的教学实践中不断提升、完善和发展。

第三，总结得失。教师上完每一堂课后都要总结优势与不足之处，比如优势是，训练方法的创新、新旧动作的巧妙连接；比如不足有教学内容安排不当、技术动作重点和难点处理不妥、教法选用不符合学生的身心特点等。开动脑筋找问题，并向指导教师和同行请教，不断提升自己的教学经验和教学水平，丰富和发展自己的教学能力。

（四）积极参与教研，提升科研水平

科研是青年教师提高能力的重要途径。要结合教学工作中的问题和困难，选择恰当的科研方法开展研究，在体育教改教研上下功夫，边工作，边教研，边学习，加深对体育课堂、业余训练中产生的问题的认识，着力做到教中有研、研中有教、以研促教，在“读书—实践—反思—写作”中努力成长为科研型教师。夯实基础，精通专业，强化技能，这是成为合格体育教师的基础，也是体育教师教育教学能力提升的保障。

（五）开发课程资源，促进体育教学

积极开发和利用体育课程资源是顺利实施课程教学的重要组成部分。青年体育教师要与时俱进，提高对体育课程资源的开发意识和认识水平，发挥主动性，基于人力资源、体育设施、传统项目等，因地制宜地开发与利用各种体育课程资源，发挥其应有的教育优势。

工作中，青年体育教师要正确面对周围影响自身发展的客观因素，通过主观努力，用积极的心态分析存在的问题，找到解决的策略，快速适应教学，胜任教学，成为一名优秀的体育教师。

三、克服职业困惑，加快专业发展

教师的专业化发展，倍受教育部门和教师自身的高度重视。作为体育教师，其专业成长更有其职业的特殊性。在专业化发展的过程中，青年体育教师会遇到各种各样的困惑，如对体育工作的重视程度不足、待遇的不公平、专业引领匮乏等，有时还会有职业倦怠的困扰。

（一）工作初期的困惑及解决途径

1. 教学实践经验不足，驾驭课堂能力欠缺

造成工作初期困惑的主要因素包括：缺乏经验，不会管理学生；对学

生不了解，不懂得在课堂上如何更好地与学生交流，并得到学生的认可；对课程的教学方法缺乏研究，不知道更有效地授课；内容的选择和目标不一致；难以处理好师生之间的关系，导致课堂秩序混乱。

解决途径：

（1）为人师表，热爱学生。在教学管理中处理好师生的关系非常重要。教师要端正自身态度，给学生做表率，处处替学生着想，与学生多沟通，以爱动其心、以严导其行，要动之以情，晓之以理，师生关系会大大改善，有助于教学组织。

（2）充分备课，积极磨课。备好课是上好课的前提，针对学生实际和教学内容认真备课，并且通过不断思考和改进，设计出具有吸引力、教学方法科学合理的优质课。在设计课程的过程中，教师要依据学生的能力、特点、爱好等设计学生喜欢的练习形式和方法，兴趣引导，快乐练习，享受体育活动的乐趣。

（3）拜师学习，努力实践。通过向有经验的教师交流学习，虚心请教，反思教学，提高自己对体育课的认识和对教学的理解。既可以向同学科的老师请教，还可以向其他学科老师请教，学习借鉴他们教学中的经验和方法，并将所学积极地运用到自己的教学实践中来。及时反思和总结，不断提高认识，进一步改进教学方法和手段，使教学理念不断更新。

（4）纪律严明、耐心管理。规范的教学常规、严明的课堂纪律是课堂教学顺利开展的保障。教学中要采用科学的教学方法培养学生良好的行为习惯，逐步形成常规管理常态化、课堂纪律严肃化、教学质量优质化。

2. 场地器材不达标，教学训练困难重重

一些教师在工作初期，怀着对体育事业的美好憧憬积极投入工作，但面对学校场地小、体育器材严重不足的境况，难免会产生困惑。

解决途径：

（1）根据实际情况改进器材、自制器材，灵活运用身边有效资源进行体育教学和训练。在教学中，体育教师要随时注意观察生活，用发现的眼睛和灵活的大脑去面对周围的事物，比如就地取材，动手制作一些简单贴切、富有灵性和教学机智的教具，发明创造各式各样、新奇独特的自制器材服务教学。例如，用跳高架和竹竿、橡皮筋进行组合，制作出圆形的、不同高度的多功能组合跳高架；利用藤圈或铁丝制作的篮圈、彩带或绳子，把藤圈或用铁丝制作的篮圈固定在两条绳子之间，然后选择一定的高度将其固定在两棵树之间，制成一个组合篮圈；利用空矿泉水瓶装细沙和实心球等其他球类组合，进行各种投掷、投准、打保龄球等活动等。

（2）利用校园周边的地形，结合学生的特点进行训练。例如，利用山坡，通过上山练习学生腿部后蹬力量；下山时，则教学生利用惯性，采用小步幅、高频率的步子等。

3. 工作目标不明确，专业发展迷茫

在现实的工作生活中，体育学科在学校中的地位不受重视，使很多教师对自身的专业发展失去信心，且没有明确的发展目标，大多会出现自我放弃的现象。

解决途径：

（1）树立信心，加压鼓劲。体育教师要加强对自身的认识，发现和挖掘自身的优点和特长，基于自己的优点和特长发挥自身的优势，无论是授课、训练，还是学科研究等都应该不断提高自己的能力，通过艰辛的付出和不懈的努力，赢得同行的赏识和认可。

（2）制定目标，确定方向。每学期要读一本理论著作，写一篇优秀的教学论文，在职业发展过程中对自己提出阶段性要求，通过制定自身发展的短期和长期目标，进一步明确自己工作中努力的方向，不要一遇到问题，就想着逃避和放弃。

（二）职业“高原期”问题及应对策略

教师的职业生涯，指教师的职业素养、能力、成就等随时间发展而发生变化的过程，以及与其变化相对应的心理体验与心理发展历程。教师的教育教学工作是一种长期而又复杂的循环工作，自然而然地会出现停滞不前的瓶颈期，即职业“高原期”。出现“高原期”的原因有三个方面：第一，个人因素，教师受教育水平不高、对工作的喜欢程度低、工作投入少等，如果教师倾向于把事情的成功归结于“外因”而非“内因”，容易出现职业“高原期”；第二，家庭因素，家庭负担重、生活压力大、心理负担和工作负担重等，容易产生职业倦怠期；第三，组织因素，竞争的职场氛围、进修提升的机会少、奖励机制的办法不完善等，直接或间接地影响教师工作积极性。

应对策略：

面对“高原现象”，体育教师应及时反思自身遇到的问题，及时调整心态，不应安于现状，得过且过。通过工作前后对比，制定新的目标和方向，树立信心，寻找新的目标或者新的领域去学习、思考，多与周边的体育教师交流，重新定位自己的目标和价值，超越自己，实现新的跨越和提升，积极渡过职业“高原期”。

四、形成教学特色，提高教学效果

教学有法而无定法，教学效果好的教师都有自己独特的教学特色，教师的仪表、语言、教学方式等，是教师的一种长期修养，体现在教学中的每一个环节。教师如何形成自身独有的教学特色呢?

（一）主观努力，形成特色

1. 敬业精神。敬业是教师塑造教学特色的源泉。教师只有具有敬业精神，才会在平时的教学中刻苦钻研业务，认真分析学生情况，在教学内容的处理、教学方法的选择、教学方案的设计、教学过程的组织等方面做到一丝不苟、精心设计。因此，只有深爱体育教育的教师，才会在工作中恪尽职守、尽心尽责，把教学作为一项神圣事业来追求。

2. 知识素养、基本功。凡教学具有鲜明特色的教师，一个共同的特征就是对所教授的学科，特别是所讲授的内容是十分熟悉的。教师对所传授知识与技能的熟练驾驭是使课堂教学具有特色的重要基础。体育教师必须是“万金油”，课堂所要求的知识量和综合能力是其余任何一门学科都不能比拟的，要想完成一节有特色的体育课，就要不断给自己充电，把握课的内涵，用广博的知识和优美的技能融会各科知识于体育课堂中。教师只有娴熟运用教学技巧，才能进一步形成独特的教学风格。

（二）张扬个性，凸显特色

教师个性鲜明可以促进课堂向个性化发展，有利于教学特色的形成。不同教师有不同的优势与特点，例如教师的语言特色，有的教师讲课抑扬顿挫，令人振奋；有的教师声音洪亮，风格严肃；有的教师声音低沉，惜字如金，但每句话又恰到好处。又比如教师的教学特色，有的教师个性张扬、充满激情，擅长用自己的情感激发学生的情感；有的教师娓娓道来，在充满亲和力的课堂上让人如沐春风；有的教师思维敏捷，上课层次分明，这些教师的教学特色，需要我们在实践中不断追求。个性课堂的形成需要与个人的特长相结合。当教师能够将自己的特长与教学相结合的时候，其课程就有了特长，再坚持到一定阶段，就会形成自己的个性课堂。特长是特色，个性是特色。如，民族传统游戏教师的民族韵味就是特色；舞蹈与健美操教师的舞姿就是特色；篮球教师标准的投篮姿势就是特色；武术教师潇洒的亮相、举手投足的魅力就是特色。教师的个性特征显示出了自身的潜能与优势。张扬个性、发展个性，使教师自己的个性与教学有机结合，形成具有特色的教学风格。

（三）关注主体，突出特色

课堂是体育教学的生命线，学生是课堂的主人，是教学的主体。教学中，学与练是师生共同参与、共同提高的过程，关注主体可以更好地体现体育教学特色。

1. 培养学生克服困难、吃苦耐劳的精神

教师要注重培养学生克服困难、团结协作的优良品质，使学生战胜懒散、贪玩、自私、怕苦、怕累的弱点。在体育课上，教师将红军长征的故事穿插在跑、跳、投等教学活动中，学生受长征精神的感染，练习劲头更足了，克服困难的勇气更大了。在活动过程中，教师要努力培养学生积极主动的锻炼态度，特别要鼓励学生团结协作，懂得尊重他人，学会发现同伴的优点。

2. 培养学生的自信与创新意识

在讲授运动技能时，教师应培养学生的成就感和创新意识，让学生带着问题去尝试，给学生表现的机会，让学生在良好的学习氛围中尝试、体验、讨论、验证，体验成功的快乐。如，让学生当“主持人”，设计一些与课堂基本部分有关的问题，让学生个人或小组作出回答，以提高学生的体育理论知识和表达能力；由领操人领做自编操，不拘形式，一课一换等，这种形式不仅调动了学生的积极性，而且增强了他们的自信心，激励着他们探索、创新，释放灵感和创意，而这又会反过来进一步激发教师对课堂教学的创新，从而形成特色。

3. 积极引导，采用多样化的评价方式

体育教学注重的不仅仅是结果，更重要的是学生锻炼提高的过程。小组成员之间团结协作的情况、参与的态度、情感体验的获得，以及提出问题和解决问题的能力等，评价要突出层次和过程，要善于研究学生的差异性，挖掘学生的亮点，根据优、中、差不同身体素质适当分组练习，进行多维评价，如师评、自评、互评等，做到评而有效，评而有为。

4. 形成良好氛围，使学生获得满足感

每位学生都有一种自我实现、获得认同、取得成功的愿望和需要。成功时，学生会情绪高昂、兴趣倍增；多次努力仍然失败时，学生就会产生畏难情绪，积极性受损。因此，教师应设置情境，分层教学，降低难度，给学生创造成功的机会，促使学生萌发出好学上进的潜能，让每位学生都有自己的最佳表现，在和谐中发展，在和谐中形成特色。例如，在变向跑比赛中，最后一组到达终点的学生会情绪低落，此时教师可以鼓励他们：“你们已经学会了变向跑的方法，下一次争取好成绩。”这样简短的几句话，既顾全了这组学生的面子，同时也增强了他们的自信心。

（四）群力群策，挖掘特色

体育教学的风格是多样的，对于年轻教师来说，进步与提高最为有效的方法就是模仿，体育教师可以学习优秀体育教师的教学行为，在学习与借鉴其教学特点、教学方式、教学手段的过程中，及时总结实践经验，吸取失败的教训，选择适合自己特点的行为方式和方法，挖掘自己的特色。要有拿来主义精神，对于优点要继承和创新，对于不足要进行改进和克服。对于别人的方法，不盲目照搬照学，必须仔细研究其是否适合自己、是否能够为教学服务，博采众长、扬长避短，逐步挖掘出适合自己的教学风格，形成自己的教学特色。

（五）形成风格，发展特色

特级教师于文忠通过多年教学实践，发现利用“四化”，即课堂组织趣味化、教学语言儿童化、展示手段形象化、评价方式人性化，可以让教学效果变得好，这也让他形成了自己的教学特色。有教师认为，当学生感受并进入运动文化时，他们对运动技术、技能的追求就会变得自觉、积极。因此，这些教师追求各项运动技术的教学智慧，追求层层递进、水到渠成的教学效果，追求在“玩”的过程中掌握运动技能的体育教学风格。教师在形成自己教学风格的基础上发展了自己的教学特色，尽管不同教师的教学特色、风格各异，但只要受学生欢迎、能取得好的教学效果，就是值得肯定的，也是值得大家借鉴和思考的。

一滴汗水一分收获，教学特色源于教师的实践又高于实践，是教师个性特征、综合能力等在教学中的具体反映。教师要有敢破敢立的创新意识，对自己的体育教学思想进行不断验证、充实和完善，真正达到教无定法、炉火纯青的地步。教出自己的风格，构建有生命力的体育教学特色，是一个体育教师教学的至高境界，需要不断积累、沉淀、提升。

五、体育教师如何参与学校行政管理工作

大多数体育教师脾气直爽，其敬业精神、待人接物和为人处世的方式等越来越受到社会和学校学生、同事、领导的好评，很多优秀体育教师也会参与学校行政管理工作，比如任班主任、中层干部、校级领导等职务。体育教师用工作热情、工作激情和工作智慧带动学校工作健康发展。

那么，如何发挥体育教师参与行政管理工作的优势？体育教师在参与行政管理过程中应该注意哪些方面呢？

体育教师是学校师资队伍中的重要组成部分，在体育教学、技能训练、各类比赛及课外活动中发挥着重要的作用。我从事体育教学工作 20 余年，目前负责全校管理工作，虽工作职能发生了转变，但始终坚守在体育教学、训练科研的道路上。从“随波逐流”到“脚踏实地”，从“单打独斗”到“众志成城”，从“学校发展”到“专业提升”，在这一系列的认知、改变和蜕变过程中，自己的思想和行为也在悄然变化着。如今，在学校行政管理中，体育教师通过发挥自身的特长，凝聚了力量，注入了活力，让一所山村小学焕发了勃勃生机，师生精神面貌也焕然一新，教师感受到了教育的幸福，学生更是享受着幸福的教育。

（一）脚踏实地，争取支持

体育教师性格开朗、思维开阔，接受新鲜事物能力较强。作为“参政者”，搞好教学之余，更要关心学校体育活动的开展，挖掘有效课程资源更好地服务于体育教学。在选择好活动内容后，争取校领导的支持是非常

重要的。2003 年担任教导主任期间，我看到《中国学校体育》杂志社举办“全国小学生纸飞机游戏通讯赛”的通知后，向校长做了汇报和交流，在广泛征求老师的建议和意见后，利用课外活动时间，开展了全校折纸飞机创意和投纸飞机比远度大赛，大赛当天，校园和操场上空成了纸飞机的海洋，学生快乐地奔跑着、嬉闹着，比学赶帮超，不知不觉中学生的身体协调性、反应灵敏能力等得到增强。经过班、校层层选拔，选拔出成绩突出的学生，按照比赛成绩和比赛规程进行上报。装有学生成绩和比赛照片的邮件寄出后，全校师生都在期盼比赛结果。当校长在全校师生会上宣布《中国学校体育》杂志社邮寄来的获奖通知时，全校顿时沸腾了，三名学生获得一等奖，四名学生获得二等奖，校长获得“支持学校体育校长奖”，学校荣获“全国投纸飞机游戏通讯赛优秀组织奖”。此后，学生投纸飞机的热情更加高涨。作为分管学校教学业务的行政领导，更要有善于发现的“眼睛”，在多学习、多思考的同时，利用自身体育特长为学校开展有意义、有价值、有效果的体育活动，不仅能丰富学生的课余生活，也能够为学校构建有灵气、有动力、有成果的课外体育活动贡献自己的力量。校长的支持是开展好体育活动的关键，教师的积极参与是开展好体育活动的坚强后盾。当我们产生或发现好的想法时，要及时和校长、教师交流沟通，如果没有大家的思想统一和众志成城，再好的想法也会付诸东流。因此，作为参与学校业务管理的体育教师，不仅要积极做好行政工作，还要对有利于学生健康成长、学校特色发展的体育活动进行开拓创新。

（二）团结同事，共同成长

作为参与学校业务管理的体育教师，不能高高在上、唯我独尊，要经常和同行交流，身体力行、勇于实践，发挥上情下达、下情上达的纽带作用。我成为体育教师后，逐渐认识到，学生强健的体魄离不开体育课上的有效指导和有效练习。体育教法如何创新？教师如何进行有效指导？体育技能如何提高？如何保证学生的心理健康和社会适应能力？如何激发同行教师的研究热情，促进共同成长？担任学校副校长期间，我与两位体育教师在二至四年级六个班，采用行动研究法、对比实验法对攻打“炮台”游戏方法的科学性、游戏规则的适用性、场地资源的合理性、使用器材的安全性、学生技能达成等情况进行深入研究，对游戏价值有了更为理性的认识和思考，撰写的《攻打“炮台”游戏研究的微型实验报告》刊登于《中国学校体育》杂志上，此后整个体育组教研氛围活跃了起来，教学研究成为体育教师的自觉、自动行为。俗话说，“众人划桨开大船”，体育教师之间应该是团结的、互助的、共进的，特别是参与行政管理工作的体育教师更应该如此，要以切身的行动去影响、带动同事，以积极的心态去鼓舞激励同事。诚然，现实中，有个别学校也存在某些参政的体育教师“有荣誉就上，有困难就让”、事不关己高高挂起、挑拨离间相互拆台的不良心态，这些都是阻碍和影响自身形象和专业成长的大问题。作为参与行政管理工作的体育教师，要勇挑重担，在相互关心中成长，在相互信任中进步，在交流研究中提升，成为教师团队的黏合剂，使教师队伍凝聚在一起，起到正能量的作用，只有这样，学校体育工作才会顺利实施和持续发展。

（三）抓住节点，全员参与

由于学校缺乏专职体育教师，每年的学校运动会秩序册编排一直是比较烦累的一项工作，训练、报名、运动会前期的场地器材等各项筹备工作让仅有的几位体育教师忙得不可开交。鉴于此，我征求校长和校委会的支持，和老师讨论交流后，确定了运动会秩序册编排实施细则。体育教师根据运动会设置的体育项目，提前编写出比赛时间和比赛组别及项目安排，秩序册中的运动员名单、各项目参加比赛的运动员姓名、班级均由班主任提供电子稿，各年级一班班主任老师负责汇总本年级的数据，然后体育教师汇总出全校的数据，全体教师的集体参与，凝聚了力量，提高了效率，一份完整的运动会秩序册电子版仅用了两天时间就整理完毕，做到了运动员姓名零差错、参赛运动项目齐全，有效避免了秩序册编排过程中的错误现象。在学校管理中，充分调动全体教师的积极性、主动性是每位校长的愿景，也是学校教师队伍稳定、积极向上的主观因素。作为参政的体育教师，要做到密切联系教师，在不增加教师负担的前提下，对各个相关部门和人员的工作进行协调和具体分工，全程监管实施进程和落实情况，及时调整、解决问题和困难，选择大家都能做到、都愿意做的工作，既征得了大家对体育工作的支持，又实现了有困难大家一起解决的目标；既减轻了体育教师的工作压力，又激发了大家对体育工作的热爱之情，构建起融洽和谐的教师团队。

（四）凝聚力量，合作共赢

有人说，一个好校长就是一所好学校。因此，校长在办学水平上必须多动脑筋、勤于思考，“无利”化“有利”，“有利”化“特色”，“特色”聚人心，这样的学校才是和谐的、团结的、向上的、幸福的。因为工作需要，我来到了京城希望小学负责学校的全面工作。学校位于仪阳镇大柱子村驻地，是一所山区希望学校。学校辖区 12 个自然村，经济条件落后，留守儿童和特殊学生较多。如何让教师有一个舒心的工作环境？如何凝聚教师的力量？几次征求教师的意见后，学校成立了初级花样跳绳社团，确定了“绳舞飞扬，放飞梦想，享受快乐，健康成长”的活动主题。艺体办、德育处、教导处、后勤等部门密切配合，器材配备、动作指导、活动检查等工作有条不紊地进行。学校为每位教师配备短跳绳，循序渐进地开展了单双脚单飞跳、双人跳绳、集体跳大绳、“海底捞月”、“8”字跳绳、穿越“封锁线”等活动，丰富了师生校园文化生活，营造出充满活力、健康向上的校园体育文化氛围，调节师生身心，使其以充沛的精力走进课堂、走向操场，在阳光下自由奔放，增强了师师、师生、生生集体主义情感、合作意识和创新精神，以及团队的凝聚力。

（原文刊发于《中国学校体育》2016 年第 4 期）

第二节　互联网+：教师专业发展的助推器

网络教研是一种依托网络平台开展教研活动的新方式，这种方式充分利用了网上丰富的资源，基于教师个体成长和学校整体发展的需要，把教育教学实践和教师研究活动紧密结合起来，以解决教学实际问题来直接推动教师的自主发展和进步，让教师养成一种持续学习的习惯，成为专业发展的主人。网络教研构筑起“多主体、跨时空、多层面、高效率”的学习教研平台，是传统教研方式或常规教研方式有益的补充，是一种促进教师专业发展的新型教研模式。网络教研是教师沟通交流、专业发展的助推器，是促进教师专业提升的有效途径，它促使教学资源的共享和交流，提高教师的科研水平，提升教师素养，实现了“民主、平等、对话、协商、共建”的教研方式，促进了教师反思能力的提高和同伴互助，历经头脑风暴，潜心教学研究，拓宽教育视野，解决实际困惑。

一、网络教研助力体育教师专业发展

一个偶然的机会，我经朋友介绍加入“中国学校体育官方博客圈”，在这里，我认识了天南海北的优秀体育教师，聆听他们讲解体育科研的重点与经验，深深地被他们先进的教学思想、教育理念、强烈的教研意识、精彩的文章所折服。在迷茫中，一些教师也曾帮我制定专业发展的任务和目标，但是我始终没有在教研方面取得质的飞跃。

（一）专家引领，激发网络教研情怀

偶然一次机遇，我在网上认识了江苏的刘军老师。“王老师，你们那儿

彩旗多吗？”“彩旗作为运动会的入场必备物品，可以渲染比赛气氛，而运动结束，就被闲置了，我们能不能在体育教学中利用好彩旗，使它发挥更多的教育功能呢？”看到刘老师的这两句话，我陷入了深深的思考与反思。彩旗被闲置在器械室半年之久，我却从未想到过对彩旗这一小小的资源进行研究、开发和利用。如何有效地利用彩旗？如何去开发彩旗？如何去创新？带着这些疑问，我与刘老师继续畅谈至深夜。“你认真思考一下，可以从跑、跳、投等多个层面创编实用、有效、学生喜爱的体育游戏……”在认真倾听、感悟、思考刘老师的话语后，我的思路也逐渐变得清晰。

（二）从细节入手，开阔网络教研视野

经过多次的课堂实践与研究，在刘老师的精心指导下，我创编了“我是护旗手”“我是指挥员”“紧急集合”“紧急行动”“翻山越岭”“穿越封锁线”“勇往直前”“空中截击”“突出重围”“胜利会师”等体育游戏。刘老师对每个游戏的目的、场地与器材、游戏方法、游戏规则、温馨提示等具体细节做了细致、入情入理的分析，给予我很多启迪，使我认识到在游戏创编中语言描述的严谨性。例如，在游戏“翻山越岭”中，两人一组在同一面彩旗下进行“跑＋跨越”的比赛，在课上进行该游戏没有发现不妥，而刘老师出于对学生安全的考虑，提出“全班按照男、女分为两大组。两组第一名学生同时起跑，到达终点后，裁判举手示意后，第二名学生以同样方法继续，这样依次进行”。虽然练习效果一致，但是对游戏方法的修改有效避免了学生在游戏比赛中由于意外碰撞或者踢到彩旗而受伤，也使创编游戏设计日趋完善，更为人性化、科学化、合理化。同时，对于游戏方法的语言描述更易懂、易学、易操作。在创编游戏的交流中，我们碰撞思想、深入研讨，在交流中解决遇到的问题，在交流中进一步开拓视野、增长见识，提高反思能力。

（三）网络教研中的插图拍摄，精益求精

“王老师，能不能给每个游戏配上插图呢？”刘老师发来建议。此时北方正阴雨连绵，学校的操场是简易的土场地，正常的体育课在这样的天气下是无法顺利进行的。“云南的天气四季如春，你可以联系那儿的张老师商讨一下。”在刘老师的帮助下，我与张老师交流了每个游戏的设计理念、设计过程、游戏预想，以及对游戏插图的要求，张老师欣然接受了我提出的建议，经过多次课堂游戏“磨合”，总共拍摄 108 张游戏插图。张老师告诉我，他花费了大量的时间和精力，校长了解网上教研的情况后，提出了表扬与鼓励。但是当我打开张老师发给我的照片后，发现他对游戏的理解认识有些不到位，拍摄的位置、角度、队形的组织等存在不足，凸显不出游戏本身所要表达、描述的主题，我及时与刘老师、张老师通过网络进行交流、沟通，商讨解决策略与方案，对一些拍照细节进行了研究，之后的几天，张老师精心拍摄了 50 张游戏插图，第二次拍摄效果有了质的提高，与创编彩旗游戏相得益彰，给观者直观、清晰、明了的视觉感受。例如，在游戏“我是指挥员”中，张老师认为彩旗信号与学生在两侧，经过我们的交流后，张老师对此游戏组织形式重新定位，拍摄出位置、效果俱佳的第二张插图。再如，“胜利会师”游戏的队形组织、拍摄角度也有了明显的提高。游戏插图的完善，使我们在领悟中学会了调整和改变，在尊重中学会了交流与合作，在虚心求教中学会了吸纳和提升，在研讨中学会了反思与创造，在合作中学会了成长。

（四）网络教研，凸显成效

在现代网络强大的功能支持下，友谊跨越时空。《让彩旗在教学中“舞”起来——彩旗游戏十例》一文发表在 2010 年第 1 期《中国学校体育》上。2012 年 9 月，我在教育部学生体育协会联合秘书处与《中国学校体育》杂志社联合举办的“全国体育教师网络论坛教研”中被评为网络教研先进个

人，在《中国学校体育》杂志主办的“草根争鸣”论坛网络教研活动中成绩显著，被评为优秀会员。2013年9月，我参加了示范性远程研修培训，被山东省教师教育学会授予“国培计划（2013）”网络研修与校本研修整合项目专家。通过网络教研，我深深体会到，有效的网络教研不仅促进体育教师反思，克服惰性，而且以其独特的功能和魅力，给体育教师的专业成长注入了生长点与成长点，为体育教师的专业发展和成长、学习提供了相互交流、资源共享、合作共进的探究平台。我们应注意网络教研与现实教研的有机结合，在平时的工作中，体育教师要注重教学中问题的积累，对于群体共性问题，要及时总结、细致分析，开展实实在在的教学研究，群策群力，发挥集体智慧，寻求问题的解决方法和策略。

（原文刊发于《中国学校体育》2010年第11期）

二、“五心”撰写草根争鸣论坛总结

中国学校体育博客圈（以下简称“学体博客圈”）成立以来，学校体育编辑部领导大力支持，管理员老师们精心管理，逐渐呈现出蒸蒸日上的发展趋势。草根论坛作为其中的重要组成部分，也显示出其强大的凝聚力、战斗力。在对草根论坛的总结整理中，我们也发现了一些不容忽视的问题，如观望者多、参与者少，或者发言者多、总结者少，或者流水账多，可借鉴性少。

（一）精“心”准备

论坛话题知识储备和精心准备是撰写好论坛总结的基础。学体博客圈管理员在广泛征集各位成员的意见和建议后，精心挑选大家关注的体育教学话题，安排专门时间，选定主持人和主持嘉宾，一般会提前两周给广大体育教师以探究“命题”。这些话题对于中小学体育教学、训练具有代表性、广泛性、时效性。例如，第 8 期《体育教学如何培养良好的师生感情》的公告于 2009 年 10 月 5 日发布在学体博客圈公告栏和 QQ 群，并于 10 月 13 日晚 7:30~10:00 进行交流，给老师以充分的准备时间。要结合论坛内容设置自己教学所担任的学段、讲授的内容、自身的特长等，做到有的放矢、有言可发、有题可议。

（二）诚“心”参与

以一颗诚心，积极参与话题讨论是撰写话题总结的关键。在论坛交流期间，教师结合教学与训练中存在的实际问题、解决问题的好办法等与大家一起探讨。在交流中，有的教师因为网络通信不便或工作时间冲突等原因不能及时参与话题讨论，这些都是客观原因，但即使在这些不利条件的影响下，还是有很多教师在话题讨论前后把自己的看法、想法、做法分享到话题论坛上，其敬业精神令人称赞；也有一部分教师习惯“静静地”学习，不敢把自己的观点和建议分享出来与大家共同交流，一方面是由于准备工作不充分，另一方面可能是由于不熟悉电脑操作，这些小困难成为影响不少教师参与论坛交流的“拦路虎”。我第一次参与话题讨论时也遇到过“很长时间看不到新动态”的电脑问题，经过谢树快老师的指点，学会了用鼠标点击“刷新”，新动态、新观点就显示出来了，我也很快融入团队激烈的话题讨论中。

（三）细“心”研究

细“心”研究的目的是沉淀、积累，是写好话题总结的重要一环。教师的观点都是体育教学一线的教学经验、真实感悟和反思的凝结成果，提供的很多优秀教学案例也是教学中曾遇到或亲身经历过的。根据论坛题目，教师把这些直接经验和自己的体育教学实践紧密结合起来，细心研究、用心感受。我就参与的《体育教师如何形成自己的教学特色》《体育教学如何培养良好的师生感情》《体育教师如何对学生有效实施学业评价》等三期话题，把教师集中交流的重点问题及解决策略做了近30万字的翔实记录，并在博客上交流分享，除了自己细读精研，也供没能参加学体博客圈论坛交流的教师和参与话题讨论的教师参考。在统计整理的过程中，笔者也写了大量的读书笔记和学习体会，并在教学中认真实践、反思，为撰写论坛总结积累了丰富的写作资源，奠定了良好的基础。

（四）静“心”撰写

开动思维、静心沉思是撰写话题总结的先决条件。第一，根据教师分享的经验和自己的感悟，按照自己设定的总结框架，结合体育教学实践提出解决问题的方案，从不同侧面总结论坛话题。第二，做到教学经验与话题内容相结合，不泛泛而论，在“实”上做文章；将个人观点与教师的意见相结合，在“点”上多思考。第三，问题与解决策略相结合，结合体育教学实际，充分挖掘话题的内涵与外延，在“研”上下苦功，在“究”上出实效，在“实”上勤动脑，学中做，做中研，研中写。

（五）耐“心”修改

“修改”可以提高教师的逻辑思维能力和写作水平，是写好话题总结的关键环节。首先，话题总结写好后，要认真揣摩，采取“过电影”的形式从论坛内容、论坛要求、研究目标定位、词语表达等方面整体把握，切忌空谈，做到言之有物、精益求精。其次，一篇好的总结，要综合考虑话题的主导思想，是否给人以好的借鉴和好的做法，要让教师读完后明白如何去实践，从而对体育教学更有帮助和指导意义。“贵州何孝峰老师四改其稿，精益求精；山东于文忠老师也三改其稿；无锡的傅万旭老师将稿子改动了三遍，每次修改都在上一次的基础上做较大的改动，论点、文字表达、文章的结构都有较大提升，文章更为简洁生动。”（草坪青青博客：《读“草根论坛”第十期体育教学特色策略总结稿件有感》）我先后撰写了《增进师生情感，构建和谐课堂》（《中国学校体育》2009年第12期）、《集体智慧汇聚体育教学特色》（与刘荣老师合作，《中国学校体育》2010 年第 1 期）、《深化学业评价，促进健康成长》等 3 篇话题总结，对搞好平时的体育教学工作起到了很好的指导、帮助作用。

（原文刊发于《中国学校体育》2010 年第 5 期）

三、我的学校体育博客生活

（一）建立博客助我觅知音

建立教育教学博客，是体育教师主观努力及想要提升教研水平的一种积极表现，是自主、自发、自动的意识形态体现。我任教于偏远农村山区学校，由于经济的落后和信息的闭塞，不仅很难有培训学习提高的机会，而且缺少体育教学新理念、新思路的启迪，缺少体育专家的引领与指点，平时在教学、训练中遇到的困难只能摸索前行，苦觅答案。建立博客初期，我出于好奇，模仿构建了一个小小的“心灵密室”，“安置”教学、训练、生活中的感悟与情感体验。偶然的机会，我加入充满温馨、激情洋溢、群星聚集的学体博客圈这个部落群体。此后，学体博客圈的活动和交流，如“草根争鸣”“QQ 话题”等，让我由初期的好奇逐渐感悟到作为一名体育教师的价值和快乐。在这片沃土中，我汲取营养，获得非常多的教学、训练经验。从开始的“蹒跚学步”到交流解惑，再到后来充满自信；从掌握知识技能到体育教学技巧的运用自如，再到教学时机把握。学体博客见证了我的成长，建立博客是每位体育教师踏上成熟道路的重要路标，是教师走向专业成长道路的良好开端。

（二）阅读博文助我成长

阅读博文是我在学校体育生活中的重要组成部分，更是教学之余的一种心灵惬意与情感享受。《中国学校体育》官方博客助我在体育教学和训练中事半功倍。这里有国家、省市级专家的指引；有大中小学体育同行的切磋；有体育教学问题的探讨与解决；有体育训练困惑与答疑；有体育课堂焦点的辩论、思考和共识。尤其是“圈内”的精彩博文，作为“体育教学训练工具书”的一种典型形式，教学指导、游戏创编、案例分析、训练新法等，如同身临其境，不断指导着体育教学实践与业余训练。读起来如鱼得水，用起来得心应手。比如“小场地如何进行有效教学”的讨论，让我学会了如何在学生多、场地小的空间中巧妙利用器材、队形变换、合理分组、游戏组合等多种形式，积极有效开展阳光体育活动；“对前滚翻接跪跳起动作的思考”“解析原地掷实心球的步法”，使我对技巧与投掷动作要领重难点教学有了更深的认识和体验；“踢毽子花样玩法六例”，丰富了我的游戏组织形式和教法指导；“报数法让一年级新生站好队”，让我顺利完成了低年级队列队形的教学任务。阅读博文，助力体育教学，提升训练水平。

从“圈子”老师的精彩博文中，我深刻感受到到每位体育教师的成功，以及独具特色的教育成果并不是偶然的。勤勤恳恳、默默无闻的工作，在甘为人梯的奉献背后，是坚持不懈的努力，是辛勤汗水的付出。作为体育教师，要充分利用学体杂志社为大家提供的博客教研平台，给梦想一个高度，给现实一次飞跃，为自身专业成长插上坚实的翅膀。

（三）评论博文升华本真

“评博”是体育同行间读了博文后心与心的交流及情感对白。评论博文，对于当初入门的我来说，犹如“上刀山下火海”。我虚心学习和体会学体博客圈管理员和资深成员对老师博文进行的精彩点评。有鼓励、有鞭策、有疑惑、有建议，而被点评老师的回复，抑或倍受鼓舞，抑或互相共勉，抑或探讨交流，抑或虚心接受。评论交流中，既有激烈的争辩，更有合作的愉悦；既有真知灼见，又有理论提升。没有情感的束缚，没有思想的禁锢，在思维的交融和唇枪舌剑的交锋探究中，带给我的是一次次心灵的震撼。

记得有一次，我将《编织袋在体育教学中的运用》一文传至博客，博名“运动10秒6”的夏老师提出的安全问题让我记忆犹新：“跳高垫的制作，不知道你是怎么处理的，条件差点的学校可以借用翻新的沙坑，当然要是有背越式跳高的学生，那么对垫子要求就会高很多，要是装上废弃的棉花（不用的棉被），效果会更好吧？抢救‘伤员’游戏，对陈旧编织袋的质量和抬编织袋的同学要求较高，相比于其他游戏，这个游戏存在教学事故的可能性更大，因为涉及名次，四名搬运的学生肯定会加速的，万一有一位学生脱手或者步调不一致很容易发生教学事故……”在回复中我写道：“夏老师，您的建议很好。背越式跳高教学对小学生（普遍是学习跨越式）来说太困难了，真的要教学，只有多铺‘跳高垫’了。抢救‘伤员’游戏如何避免学生受伤的确是个问题，今后在编织袋的牢固问题上我会继续探索，寻找更加合理科学的办法，使之更安全。”我根据夏老师提出的具体建议，对编织袋在体育课堂中的操作使用加以修改、完善、提高，减少了很多不必要的“教学突发事件”。

在拜读博文中，我也时常留下自己笨拙的见解足迹，或赞许，或质疑，或启迪，点滴的“评博”使我的教学境界和专业知识素养得到提升，积极参与锻炼了我的胆识，提高了我的语言表达能力，新问题的出现又锻炼了我发现、分析、解决问题的能力。一句句点评，一条条回复，让我站在了人生自信的起跑线上，鼓励与指导，丰盈着我的体育教学生活。

（四）撰写博文精益求精

每天傍晚，我都会准时坐在电脑前记录一天的体育教学生活，并选取一些自认为较好的反思和总结收录到我的博客中。从最初润笔的羞涩到后来的信手拈来，我感受到了专业成长的快乐。一年来，我撰写博文百余篇，竟然有几篇被选为精华博文。虽然我与很多老师的差距还很大，但能够在《中国学校体育》博客圈这个大舞台上尽情挥洒笔墨，受到同行的关注、认可、点评、鼓励，也是一种快乐。

在众多资深老师的感染、指导下，我的拙文也陆续发表于《中国学校体育》等专业报刊。在纪念“圈子”一周年活动中，《走进学体，如沐春风》发表在2009年第9期；在“一线话题”征集中，《课后体育作业的有效布置与监督》发表在2009年第10期。

非常幸运的是，通过“圈子”中的互动交流，我认识了江苏、云南的两位体育教师，一起研究开发的彩旗游戏得到了学体杂志编辑老师和学体博客圈老师的认可，合作撰写的《让彩旗在教学中“舞”起来》发表在2010年第1期，实现了三省不同学段（高中、初中、小学）体育教师对于体育器材课程资源再开发的有效网络教研，同时，进一步提升了对体育游戏创编的再认识和写作技巧。写博让我体验到骨干引领和团队力量。

写博，记录得失；写博，收获快乐；写博，收获友情；写博，共同成长。写博是体育教师总结教学工作、自我反思、专业成长的重要途径。功夫不负有心人，我的博客《桃乡体育》一文在教育部学生体育协会联合秘书处与《中国学校体育》杂志社联合举办的“全国体育教师教育博客评比”中荣获特等奖，在泰安市第三届优秀教育网站和教师博客评选活动中荣获最佳专题奖，在肥城市第一届优秀教育教学博客评选中荣获特等奖。

众多学体博客圈老师的成长旅程与成功经验，折射出体育同人的艰苦努力与不懈追求，真实反映出全国体育教师在《中国学校体育》杂志社创建的博客平台的引领下扎实工作与辛勤付出。“路漫漫其修远兮，吾将上下而求索”，我坚信，只要大家在体育教学与训练百花园中，勤学习、勤思考、勤总结、勤反思、多参与，必定会有更大的收获！

博客之旅，不仅记录了我在体育教学中的酸甜苦辣咸、体育训练付出与收获的艰辛历程，而且也映照出体育教师自身专业成长的阳光之路。读博、写博、评博，是我学校体育生活中不可或缺的一部分。一路走来，风景这边独好！

第二章 »

教学之道：我的课堂我的生命

每位体育教师都是用生命在教学生。“教学有法，教无定法，贵在得法”，课堂教学要贯彻“以生为本”的核心理念，重视课堂常规，营造民主的课堂氛围，构建融洽和谐的师生关系，重视发挥激励评价功能，始终牢记学生安全，避免伤害事故。根据教材内容和学生特点灵活安排和变换教学方法，运用合理、新颖的教学组织形式，增强体育教学的吸引力，激发学生的学习热情，满足学生的需求，学会体育知识，提高运动能力和技术水平，为终身体育打下坚实的基础。

第一节　规范课堂行为，重视课堂环节

“没有规矩，不成方圆。”课堂教学是教学工作的核心环节，是教师为学生传授知识和技能，培养运动能力的关键场所。课堂教学行为是指教师在课堂上的活动方式和具体的操作方法。提高课堂教学效率的关键是要规范课堂行为，重视课堂环节，营造优良的教学环境，加强教风和学风建设，规范课堂教学秩序，严格课堂教学管理，有序推进教学活动。规范课堂常规，实施有效教学，优化时间安排、学法指导、练习布置等环节，探究最佳教学途径，改进提升教学水平，建立规范高效课堂。

一、规范课堂常规，实施有效教学

课堂常规是保证体育课堂教学有序、有效、正常开展的基本条件，不仅有助于建立规范的教学秩序，提高课的质量，而且对学生道德品质的培养也能起到积极性、关键性的作用。

（一）体育课堂常规中存在问题分析

对体育课堂常规的研究一直以来都是体育教学领域中的热点之一。体育课堂常规是规范体育课的必要条件，主要包括学生和教师两个方面的问题，见表 2–1。

表 2-1 课堂常规中存在的问题及分析

问题主体	存在问题	问题分析
学生层面	缺乏明确的学习目的、课堂常规习惯、合作意识构建、安全意识淡薄等。	心理学、教育学表明，不同的水平阶段在课堂常规的规范上存在着显性差异。小学阶段，学生年龄小、活泼调皮、爱玩好动，要抓好礼貌行为、精神状态、整队集合、场地器材的布置与收拾等常规引导；在中学阶段，主要培养学生吃苦耐劳、勇敢顽强、遵守纪律、听从指挥的课堂常规教育，这是规范课堂常规的巩固期。
教师层面	自身要求不严格、讲解不清晰、示范不到位、组织不合理、学法指导随意等。	要求学生做到的，教师一定要身体力行、身正为范，给学生树立正面的规范课堂常规的形象，把遵守课堂常规变成自主行为、自觉行动。教师是课堂常规的“带头人”“引路人”，一定要起到言传身教的作用，不能把一时“疏忽”当作“挡箭牌”。

（二）建立规范体育课堂常规的策略

1.“引导课”是规范课堂常规、实施有效教学的基础环节

通过引导课打好规范课堂常规的基础环节必须做好以下两点：第一，发挥引导课的教育功能和引导功能。课堂常规要抓实、抓准、抓重点。教师根据学生的年龄、性格特点、接受能力，制定“班纪班规”，明确上课时应该做什么、不该做哪些、应该怎么做，这是迈出规范课堂常规的第一步。第二，通过灵活多变的教育形式，循序渐进，逐步深入。如“演一演、辩一辩、议一议、看一看”等形式，引导学生建立正确和规范的课堂行为。

2.“捆绑法”是强化规范课堂常规，实施有效教学的保障

所谓“捆绑法”，就是在构建体育课堂常规过程中利用“一荣俱荣，一损俱损”的捆绑理念规范个人的课堂行为，通过两人或多人、组内合作、组间合作等，在思维、意识、行动上建构“有错大家指、有责大家担”的团队意识、安全意识、规范意识，使集体监督与帮助在规范课堂常规方面发挥到最大效用，实现捆绑式规范策略功能的最大化。

3.“错必究”是践行规范课堂常规，实施有效教学的重要措施

规范课堂常规必须有一个良好的践行机制，错必究就是方法之一。第一，违法必究、执法必严。教师要严而有度，及时纠正，抓住有利时机对学生进行课堂常规教育，杜绝纵容与谦让，学会用表扬和激励来解决问题，把违反课堂常规的行为“消灭”在萌芽中。第二，以身作则，身正为范。课堂上，讲解的内容、示范的动作、教学组织、学法指导以及场地器材的合理运用，教师要了然于胸。若因一时疏忽造成不合理的问题出现，要敢于面对学生的“责难”，及时调整，让“错必究”的管理机制落到实处。

4.“共遵守”是捍卫规范课堂常规，实施有效教学的镜子

课堂常规不只约束学生，也约束教师，在规范课堂常规过程中，教师要求学生严格遵守课堂常规，坚持不懈地抓好体育课堂常规教育，灵活把握常规教育的渗透性。除了共遵守，课堂常规培养也要与学生综合评价有机结合，采取生生之间的交流评价、师生之间的相互评价等多种评价形式，使课堂常规规范化。教师合理实施“月总结”，利用评选“守纪之星”“模范之星”“勤劳之星”，潜移默化地使学生在规范课堂常规上实现有效化、常态化，形成一种自觉遵守课堂常规的习惯。

（原文刊发于《中国学校体育》2011 年第 9 期）

二、新课程理念下如何做好准备活动

准备活动是体育教学与训练中不可缺少的一部分，是体育教学中有意识、有目的地通过身体练习，人体由安静向兴奋状态逐渐过渡的一个过程。但在教学中教师往往忽略了准备活动，准备活动可以使学生在愉快中学知识，在愉快中锻炼身体，在有限的时间内把注意力集中到体育课上，以便迅速进入体育教学的身心状态中。体育课程改革充分体现了学生的自主性，关注个体差异和不同需求，提高学生活动参与意识，乐于探索，勤于动手。

在传统的体育教学中，体育课的准备活动大多是在老师的带领下做徒手操和跑步，甚至有的教师一个学期也就那么几节陈旧的徒手操，学生成了教学的工具，渐渐地对体育课失去兴趣，因而影响教学目标的实现。如何做好体育课的准备活动，成为体育教师必须深入研究的课题。

（一）体育教学中准备活动的三个“基于”

准备活动是体育课堂教学中的必要环节，是体育课堂教学顺利实施的重要保证，是学生参与体育锻炼的健康之本、安全之源。有效的准备活动不仅能使学生形成良好的运动技能，还可以切实提高学生的运动能力。

1. 基于学生身心健康的准备

学生是课堂的主人，只有保证学生的身体健康才会使课堂顺利实施，如果准备活动丢掉了学生的身体健康、超出了学生的心理承受能力、违背了大多数学生的主观愿景，那就与体育教学原则、教学思想、教育方向、教学现状背道而驰，是不合理的，也是非常危险的。有教师说：“准备活动要根据不同水平段的学生生理与心理特点合理安排内容。”因此，教师要注意观察学生的身体变化，准备活动的强度与密度做到适量、适度，使学生对体育课产生乐学、乐练、乐玩的欲望，增强自信，激发兴趣，把学生的身心健康放在准备活动设计的首位，是体育教师备课时首要思考的内容。

2. 基于教学安全的准备

准备活动使学生了解学习的内容、活动的场地，唤醒身体机能。教师通过观察，判断学生思想状态、学习动机与身体状况，有效排除安全隐患。体育课的准备活动好像汽车发动前的机器预热，良好的准备活动是减少体育课堂安全故事的一项保证，可以提高神经系统的兴奋度，避免运动性损伤。一方面，准备活动以发展学生的运动能力为前提，具有热身、适应、衔接的作用，不能流于形式；另一方面，准备活动要以安全为前提，避免运动伤害的发生。

3. 基于主教材顺利实施的准备

准备活动是基于教学内容作出的基础性教学预备工作，它服务于课堂、根植于课堂，为课堂教学的有效实施做好铺垫。

（1）紧密把握准备活动与基本内容的结合点

教学中要注意准备活动和基本内容的有机结合，做到场地规划紧凑合理，减少发放器材、队伍调动的次数，基本内容中将一些模仿性、诱导性和辅助性练习或分解练习充实到准备活动中去。这样不仅能增加准备活动教学的内容，而且能使整堂课的教学过程融为一体，从而提高课的质量。不要为准备活动而准备活动，准备活动是为主教材服务的；教授武术时，前面的准备活动相应地换成拳、掌、钩等手型武术操，虚步、马步、弓步等步型武术操，这样既活动开了各关节，又激发了兴趣，同时又为主教材服务，一举多得。因此，在教学中我们应对准备活动对应哪个知识点、哪项技能、达到什么教学目的做到心中有数、了然于胸，为教学过程顺利开展做好铺垫，为课的精彩展示打下基础。

（2）既要注重量的宽度，又要掌握质的厚度

准备活动要适宜，运动量过大，学生体力消耗大，容易疲劳，影响课上基本内容的完成；运动量太小，身体活动不开，失去准备活动的意义。45 分钟、40 分钟的体育课，准备活动时间分别为 10~15 分钟、8~10 分钟，冬、夏季时间分别约 15 分钟、8 分钟；从运动强度与运动负荷层面来说，要由慢到快、由易到难、由小到大、由局部到全身，循序渐进，平均心率控制在 140 次 / 分，衔接下个环节时休息 2~3 分钟，使机体活动能力得到提高；从运动效果层面，准备活动量的大小和时间的长短，可因时、因地、因人而异，注重实效性；从课的类型层面来说，新授课、考核课准备活动的运动量偏中下，复习课、测验课的运动量中度。准备活动要减少机械的、应付的、无效的练习，做到既有针对性，又有层次性和科学性，为发挥最大的身体运动能力做好充分的准备。

（3）准备活动的内容应丰富多彩，形式新颖，注重成效

科学、合理、有效地设计准备活动内容是调动学生参与练习的前提条件，是成功的第一步。多采用一些新异刺激，准备活动要穿插一些竞赛性、知识性、趣味性强的游戏练习，在身体姿势、动作方式、动作幅度、动作路线、动作频率、动作速度、动作节奏等方面不断变化，避免内容形式的单调化、一般化和公式化，避免枯燥感和逆反心理。需要注意的是，各种基本技术、身体素质的练习都是互相联系、互相促进的，不论选用什么内容，都要实用，要注重诱发、激励、启迪学生的学习动机，达到寓教于乐、课堂效果良好的目的。

（4）“四个结合”是做好准备活动的重要手段

“四个结合”，即徒手操与器械操相结合、原地的与行进间相结合、单人的与多人相结合、一般练习与专门练习相结合。首先，要遵循学生年龄认知水平，掌握运动难度、运动强度、活动时间、练习次数与学生年龄特点、运动能力、运动水平的关系。如，针对低年级年龄小、能力差的特点，选择一些活泼、轻松、轻快的模仿操、形象操及一些协调性较低的游戏，激发练习兴趣；高年级可选择一些刚劲有力、富有朝气的舞蹈、健美操或素质操、武术操。也就是要依据学生的生理机能变化规律和特点，顺应学生身心发展规律，根据不同性别、不同性格的学生情况，采取符合学生爱好和需要的活动内容。

（二）提高认识是做好准备活动的基础

在体育教学中，根据运动技能形成和人体生理活动的规律，一般要在剧烈活动或在主教材实施之前进行必要的准备活动。目的是使人体能够有准备地从安静状态逐步过渡到运动状态。通过多种多样的练习，让身体各部位充分活动，促进有机新陈代谢，使运动系统和各种器官预热，各组织器官较快地发挥较高的工作效率，适应运动的需要，为发挥较大的身体运动能力做好充分准备，在有限的时间里，运用各种方法，尽快地把学生的

思想注意力集中到课堂上来，使其迅速进入体育教学的身心状态中，把学生的运动积极性充分调动起来。

有效的准备活动不仅直接使身体的肌肉、骨骼、韧带得到充分活动，也使大脑皮层神经中枢和内脏机能的兴奋性得到提高，更能预防运动外伤的发生。准备活动充分不充分、适当不适当，直接影响体育教学的效果和学生的身体、心理健康。增进身体健康，提高心理健康水平，在不断体验进步或成功的过程中，增强自信心，培养创新能力和创造能力，增强社会适应能力，促进学生身心全面发展，同时，获得体育与健康知识和技能观念，掌握科学锻炼身体的基本技能，养成自觉锻炼身体的良好习惯是体育与健康新课程的价值观。教师要在体育教学过程中有意识、有目的地培养和教育学生，掌握并能创造一些准备活动的方法，使他们正确理解认识准备活动的意义和重要性，养成良好的习惯，终身受益。

（三）重视学生情感体验是做好准备活动的关键

1. 构建正确的理论指导和完善的组织形式

活动和游戏是儿童的天性，他们在活动中求乐趣、求思维、求发展。教学中很多教师有意识地通过队列练习、队形转换练习、简单体操、舞蹈等活动，取得一定的效果。在新体育课程改革理念指导下的今天，由过去单一的徒手操向丰富多彩的体育准备活动形式转轨已成必然，学生对体育课上总做同一套徒手操早就感觉厌倦、枯燥、麻木，这不仅起不到锻炼身体、调节身心、提高情绪、集中精神的作用，而且严重影响了学生的精神面貌。因此，在实际教学中我做了以下尝试，以“操”为突破口，打破只做限定徒手操的陈规，改为自编课，让学生自由组合（四人一组），自主报名，轮流值课，并留给同一节课几组同学一周时间准备。形式、内容均不限制，根据个人基础，自选乐曲，创编一套能体现个人特色的操，评出最佳组合奖、最佳动作奖、最佳领操奖，并将最有价值的一套动作向学校推荐，在课间操、活动时间向全校推广。

2. 变换编操形式，展示创新思维

把体育课堂时间、形式 、内容布置成特殊的“课外作业”，并在体育课上给予学生展示自己的空间。让学生主动参与到课堂教学活动中来，激起学生的创造兴趣，同时也通过自己的努力获取知识和技能。学生带着跃跃欲试的心情到生活中寻找资料，遇到难题有的向家长请教，有的向老师和高年级学生请教，有的看电视学习。上课前，教师与学生商量纠正一些动作，使整套动作基本正确、协调，有一定的美感和科学性，然后鼓励学生信心十足地走向领操台，体验成功的快乐。

积极发挥学生的创造能力，发扬合作精神，通过动脑、动手，主动要求展示自己创编的体操。有的通过改变开始和结束的姿势，有的通过改变动作方向、幅度、路线等，创造出许多生动活泼、轻松优美的自编操。如，学生创编的《快乐小鸟，飞飞飞》获得同学们热烈的掌声，创编的棍棒操更具特色。

3. 重视主体地位，保持运动兴趣

著名教育学家曾经说过：“强迫是最糟糕的教学方法。”因此，准备活动要充分发挥学生的创造性思维。如课前给学生布置作业，让他们动脑、动手进行操作；如投沙包、踢毽子、扎风筝、叠飞机等，课上，把他们的作品带到操场上，展示个人的能力，尽情地玩耍，也可以交换使用。对于这类活动，学生有很大的积极性，通过跑、跳、投等各种动作的活动，在不知不觉中完成热身活动。

（四）融洽和谐多元评价是做好准备活动的有力保障

1. 建立亲密融洽的师生关系

实际上，学生原本是很喜欢和老师亲近的，拉拉老师的手，拍拍老师的衣服。然而传统体育教学中，老师会处于一种“我教你学”至高无上的地位，使学生与教师形成情感上的对立。苏联教育学家苏霍姆林斯基曾说过：“爱，是最好的教育。”尊重学生，对他们付出全部的爱心，注重与他们的情感交流，更有利于增进师生情感。为了让学生主动积极地参与活动，教师要采用不同的教学方法与措施，促进师生在教学中的互动交往。如运用牵手的方式进行组织教学，使课堂变得轻松，使学生体验到合作的乐趣，增强学生的社会适应能力。同时，增进师生的情感，让学生真正体会到教师也是课堂的“参与者”，是他们的好伙伴，从而达到活跃课堂的气氛，激发学生学习兴趣的目的。

2. 尊重个体差异，重视发展性评价

在以往的体育学习评价中，教师往往是依据统一标准来评价一个学生，比如成绩。这种评价的结果造就了少数的“优秀者”“成功者”，绝大部分是“一般者”“差劲者”，甚至是“失败者”，这样是片面的。在评价中，我们应该尊重学生个体差异，因材施教，因材评价。如，在学生展示自编操失败时，教师也应适度肯定：“你能创编出来，真不简单，继续努力，你一定会成功。”看到学生主动积极地参与学习，也应及时予以表扬：“你能想出这么多种练习方法，真是太棒了！”少数学生因动作不协调、不优美而丧失继续练习的勇气，教师亦应尽可能地鼓励他们，与他们一起分析原因，加以点拨，相信他们可以完成。要善于帮助他们建立起“我都做得好”“我下一次会做得更好”的信心。根据每位学生的不同情况和不同程度的进步，采用激励性和发展性，尽可能客观地评价每一位学生，让学生体验到成功的愉悦，调动学生学习的积极性。这样，在不断地引导与激励中，学生学会自我反省、自我激励、自我完善，得到提高。

总之，课前准备工作一定要花费心思来设计，千万不能忽略这一小小的环节。俗话说“万事开头难”，在准备活动中，如果教师能够和学生一起参加活动，一定能达到事半功倍的教育教学效果。学生积极性的调动、学生能否参与到体育课改的全过程，不仅是对学生进行有效的素质教育，更是新一轮体育课程改革成败的关键。

三、抓细节重效率，提高结束部分有效性

结束部分是体育课必不可少的重要环节，其目的是可以让身、心两个方面都达到好的状态。身体方面指心率的调整、肌肉的放松等；心理方面指调整上课的紧张心态使其恢复平静。如何在结束部分设置活动内容，发挥其最大功能属性？如何使设置的内容既让身体重点锻炼部位得到科学、合理的恢复，又能起到身体训练过渡的效果？根据不同的体育教学内容、不同的教学对象、不同的教学背景，设计结束部分，同时要多方案、多变化、多角度，抓细节重效率，是有效提高结束部分有效性的关键。

（一）良好的心态是有效提高结束部分的第一要素

体育教师对体育课结束部分的重视与否将直接影响其设置的有效性。心态决定思想，思想决定行为。对学生的热爱、职业的热爱、课堂的热爱，是体育教师走向成功的原动力，是迈出有效设置体育课结束部分的第一步。如果不是发自内心的对待课堂、对待学生，无论如何也不会建构出高效的体育课。如何保持良好的心态呢？第一，要坐得住，要静下心来分析教材、研究教材、掌握教材特点；第二，要多读书，多读些关于运动心理、生理方面以及体育教学方面的专业书籍，了解学生年龄、身心、知识技能特点；第三，要放得开，课堂上对于学生别出心裁的放松形式，不要一棒子打死，“试一试”，或许会更加符合练习内容特点以及学生的需求。

（二）有效提高结束部分内容设计需注重的四个问题

体育课的结束部分通常只有几分钟的时间，其内容的科学设计和利用，对于学生参与态度、教学目标达成等都有极大的促进作用。

1. 内容设置要联系实际

不同的教材，提供不同的放松方法。而每位学生身体的生理负荷也不同，所以结束活动的设计应该充分结合主教材，根据运动项目，选择合适

的肌肉、关节放松方法。比如，快速跑教学结束部分中，把兔子舞作为放松活动，这不仅起不到放松的作用，反而加大了学生的运动量，应选择调整呼吸和比较缓和的放松活动，如太极拳模仿操，这样才能起到放松身心的作用。放松活动的手段、方式要根据学生的年龄、性别等特征选择，选择一些新颖的、有针对性、缓和的游戏，配合轻松愉悦的音乐，调节气氛，让学生在玩耍的过程中达到放松身心的目的。

2. 内容设置要简单实用

我们在看公开课、观摩课时，常会看到眼花缭乱的放松活动，当我们冷静下来，就会怀疑这些活动是否达到了放松身心的目的？实际上，简单实用、避免花哨才是我们体育教学结束部分内容设置的基本原则。在设置结束活动时，要注重心理放松和具体内容、教法的创新，比如放一曲《飞得更高》，让学生一边想象自己是翱翔的雄鹰，一边舒展自己的身体，然后说："同学们，今天你飞起来了吗？今天你跨过面前的障碍了吗？困难不可怕、挫折不可怕、阻碍更不可怕，你一定会跨越一个个新高度。"积极向上的音乐，引人奋进的语言，浅层面上师生身体、心理得到恢复，深层次上学生的心灵得到洗礼、自信心得到增强、价值观得到升华。

3. 内容设置要有针对性

在体育课的结束部分，内容设置和课堂主体内容要相一致、相对照，避免出现风马牛不相及的现象。如在支撑跳跃教学中，学生的腕关节、肩关节、腹部、髋部等都是极强的受力部位，同时对学生来说，这个动作不仅在挑战学生的身体素质，也在挑战心理素质，因此，放松活动既要照顾身体各部位，还要兼顾心理。再如，前滚翻教学结束部分，不仅需注意放松颈部，也要放松手臂、腿部；在耐久跑结束部分，要注重心肺、呼吸功能的调整，可以采用音乐放松、瑜伽放松、武术放松、游戏放松、按摩放松、拉伸放松等放松形式。需要注意的是，每一种放松的方式不能脱离主教材。

4. 内容设置要循序渐进

体育课是一门以身体练习为主的学科，对教学环境有着非常高的要求，尤其是安全问题。结束部分的内容，可以安排一些逐步降低运动负荷的由动到静、由快到慢、由剧烈到平缓的练习。如徒手的放松、音乐舞蹈的放松等动作比较缓和的活动，来消除运动所造成的疲劳，降低学生中枢神经系统的兴奋性，加速循环系统、呼吸系统和各器官由运动状态进入非运动状态。因此，我们在课的结束部分安排内容时要考虑到这一点，可以从内容的目的、所需保障、效果评价、过程驾驭等方面考虑。

（三）结束部分要重视发挥学生评价的主体地位

传统的评价习惯是成绩高的评价成绩低的、做得好的评价做得不好的，而新的评价观告诉我们这样的评价不适用了。多维度、穿插性的评价形式正逐渐形成并呈现放大发展趋势，因此，课堂教学中的结束部分要多让学生参与评价，引导其进行自我评价、小组评价等。在评价中激发学生学习兴趣，在评价中激发学习动机，在评价中激发学生练习欲望，有效提高体育课结束部分的有效性，使学生健康茁壮成长，构建有效的评价模式。

结束部分，除了能达到身体和心理放松与调整的目的，还可以让学生总结本课的收获，谈自己的学习体会。教师总结本课的教学重点、梳理本课的教学内容，还可以让学生对教师的教学提出意见和建议等。

第二节 培养师生情感，构建优质课堂

师生情感是通过师生双方的交流，形成相互信赖的一种心灵交融。良好的师生情感能够有效地促进教师的教和学生的学，使教与学达到和谐统一，有效提高课堂教学的效果。教师对学生始终要有爱心和恒心，师爱是维系师生感情的纽带，是师生融洽沟通与亲密交流的前提，和谐的师生情感是建立在相互尊重、相互理解的基础上的。“亲其师，信其道”，建立合作、和谐、互动、融洽的新型师生关系尤为重要。良好的师生感情也是体育教师上好体育课的必要前提。教师的技能是培养师生良好情感的前提条件，也是提高教学效果的有效手段。教师要及时发现学生的闪光点，因材施教，及时表扬鼓励，激发学生的学习热情，这样，师生增进情感就水到渠成了。

一、合理教学分组，构建和谐课堂

分组教学是体育课堂教学的重要组织形式，它是以教学目标为重点、以教材为依托、以学生身心健康发展为前提，以优化课堂教学效果为目的而进行的组织教学形式。合理的教学分组不仅仅是突出学生的主体地位，更重要的是围绕《义务教育体育与健康课程标准（2022 年版）》，全面落实以生为本，构建高效体育课堂。

（一）精心安排教学过程，做到运筹帷幄

教师在备课时要充分考虑教材的特点、教学目标的落实、学生的个体差异，以及场地器材情况，针对所学体育知识目标、运动技能目标、情感

态度价值观目标，遵循体育教学的规律，对教学过程精心设计，合理安排课的密度和运动量，使分组教学符合学生实际。怎么分组？分几组？组组、组间怎么开展活动？为什么这样分组？哪种分组效果更好？分组后在哪些环节易出问题？如何预防分组教学中的安全隐患？多问几个为什么，找准体育课堂分组教学的切入点。如在进行田径加速跑课堂教学设计时，通过以往教学测验的成绩分析，在课前将班级同学以速度快慢的依次顺序进行分组。从这一教学片段中，我们可以看出，如何分组在备课时就应该考虑，教师在备课时要多备几种分组的方式，以便上课时进行随机运用。

（二）合理分组，务实有效

教师在全面了解教材和学生的基础上，根据学生身体素质、行为习惯、领悟能力、学习态度等情况进行全面了解与分析，因人、因教材、因器材、因场地不同而进行科学分组。体育教学分组为：性别分组、身高分组、兴趣爱好分组、练习项目分组、同质分组、异质分组、自然分组、运动能力分组（按体能分组）、合作分组（组内异质，组间同质）、随机分组、帮教型分组、友伴型（伙伴）分组。

1. 分组数量与练习质量

分组教学中人数要适合，既非越多越好，也非越少越好。教师要根据练习项目及特点、实际需要等，视情况而定，既要保证分组的数量，也要保证分组的练习质量和练习效果。如，一个 60 人的班级，进行快速接力跑游戏（50 米往返），共分成四组，每组 15 人。如果加上师生点评、队形调动等一些不合理时间，每人练习一次至少大约 5~6 分钟时间，如果共进行 3 组，就近 20 分钟的时间，而实际本次课每人仅仅跑了 3 趟，从提高学生成绩的角度来说，负荷量似乎略小一些。倘能分成 8 组，同样时间里的负荷量提升了一倍还多，且仅用了原来一半的时间；再如，打龙尾的小游戏，人员则不能太少，组不宜分得过细，否则时间都浪费在交换上了，因此，分组教学要根据教学内容和学习需要，灵活变化，杜绝为分组而分组，避免分组教学的形式主义。

2. 要充分考虑学生的能力

在分组教学中不仅要考虑学生的心理感受，还要考虑他们的实际能力，让他们真正体验到参与实践的成功与快乐。对于身体素质好、接受能力强、运动水平高的学生来说，教师要给他们创设一个有利于自身发展的舞台，发挥特长，张扬个性，同时，在自身发展的前提下，积极帮助学习有困难的学生，在“我要学、跟我学、快乐学”的和谐氛围中帮助“困难学生”大胆练习，树立自信心。如在支撑跳跃教学中，有时采用同质分组，有时又要采取帮教分组，主要视教学过程的实际情况加以调整，当学生完成动作确实有困难时，可以通过帮教分组，实现对“学困生”的帮助和辅导，使不同水平学生得到不同的发展与提高。因此，无论分组教学采用哪种形式，作为一名“指挥员、战斗员”，教师应因人而异、因材施教，把学生的全面发展、健康发展放在首位，实现人人成功、个个发展的目标。

3. 根据项目不同进行科学分组

《义务教育体育与健康课程标准（2022 年版）》对每个阶段的体育教学提出了所要达成的教学目标，教师根据实际情况开展不同的体育项目，如队列队形、跑、跳、投、技巧、武术、球类、韵律操、传统体育项目等。针对不同的项目，教师寻求合理的分组教学是构建高效课堂的重要因素。比如下面两种分组方式，第一，技能技巧类，每组学生要有不同层次的学生，让体育骨干带动差生，帮助体育暂差生；第二，素质练习类，最好是同质分组，这样可以建立学生自信心，否则先天不足的学生再怎么练都在最后，长此以往，学生就会失去信心，收获不到成功的喜悦。如在跳高的练习中，让学生根据自己的跳跃能力选择不同的高度进行分组练习；短跑课，将速度差不多的同学分在同一组进行练习，培养学生的竞争意识，提高练习效果。

4. 分组教学要注意保护与帮助

保护与帮助是分组教学中有效的教学手段，合理地加以运用，在形成正确的动作概念，改进动作技术，提高动作质量的基础上，既能帮助学生克服紧张心理，消除恐惧情绪，预防伤害事故的发生，又有利于建立密切的团队意识，增强学生的学习信心。如在学习单肩后滚翻成单膝跪撑平衡动作时，分组一定要将学生的身高分配均匀，以便互相保护。无论哪种分组，在运用帮助和保护时，应根据不同阶段有所侧重，把安全放在第一位，根据不同动作和不同对象的具体情况，区别对待、灵活运用，使学生学会合作、学会与人相处，培养团结协作的精神。

（三）分组教学需要注意的三个问题

1. 学法指导，把握分组“实效度”

分组教学虽然能发挥学生的主观能动性，让学生积极、全面地参与活动，但教师的指导必不可少。从教师角度来说，分组前应该“了解学情—设定目标—实施分组—引导学习—参与活动—兼顾两头—帮助成功”。分组教学时可以一帮一，多帮一，组帮组，适时引导鼓励，给学生以信心和激励，杜绝教师在分组教学中作壁上观、坐井观天。从学生角度来说，分组后，在组内应该是“接受任务—对照自己—明确目标—协同合作—积极练习—获取成功”的过程。分组教学，目的在于提升体育知识、运动能力、技术水平，让体育教学能够因材施教，让学生的个性得到一定程度的发展。

2. 课堂调控，确保学生“参与率”

实施分组教学的目的，就是使不同层次水平的学生都学有所得、学有所获。教师是分组教学的引领者、组织者、管理者和督促者，要及时合理监控小组活动，随时监控学生的情况，以便及时指导、纠正。分组教学切勿演变成“独角戏”，教师积极调控，多做引导，鼓励能力强的学生帮助能力弱的学生进行互助练习，双方运动能力共同提高，实现在分组中合作、在合作中提高、在提高中共赢的教学目的。

3. 即时评价，激发小组“凝聚力”

在分组教学中，充分运用学生自评、组内评价、组间互评和教师评价等多种评价方式，调动学生的积极主动性。比如，一是把个人评价与小组评价结合起来，通过评价促使小组成员互帮、互学、互促；二是把过程评价与结果评价结合起来，引导学生在相互学习、评价中不断反思自我、学习他人、提高自己、发展自己，激发学生凝聚力。如在“脚内侧踢毽子”比赛中设计三个评价层次：一颗红星、一个大拇指、一个笑脸娃娃。然后比一比哪组获得的笑脸娃娃多，进而实现本课教学目标，及时肯定学生努力的结果，满足他们的心理需求，激发了每位学生内在的学习动力，让学生在原有基础上有明显的进步和提高。分组教学评价犹如润滑剂，具有鼓励性、针对性、指导性和全面性，既要做到多元评价，又要做到关注过程性评价。

分组教学是体育教学最基本、最简捷的组织形式，抓好分组教学也是提高教学质量的关键。分组教学不仅给学生更多展示自我的机会、空间和舞台，发展学生运动才能，提高学生的运动技术水平，而且促进学生身体素质的全面发展，为其终身体育锻炼打下坚实的基础。

（原文刊发于《中国学校体育》2011 年第 8 期）

二、师生有效互动，提升教学效果

在体育教学的师生互动中，“互”是师生间多角度、多方位的思想碰撞，“动”是师生间亲密的合作交流与探究。有效的师生互动，不仅有助于体育教师了解学生体育技能的掌握情况、课的练习密度、强度与学生对体育课的心理感受，更是体育教学优质化教育效果的催化剂。

（一）优秀师德是师生有效互动、建构优质高效课堂的基石

体育教师要热爱自己的本职工作，为人师表、率先垂范，用自己高尚的情操、健全的人格魅力、扎实过硬的基本功，赢得学生的爱戴，激发学

生兴趣，增进彼此情感，为师生有效互动奠定扎实基础。师生互动的关键在于教师，教师的态度、良好的基本功、驾驭课堂的能力决定了师生互动的成败。首先，在教学中教师首先要以自己的工作热情感染学生，激发学生与其互动的激情；其次，教师的规范动作效应、幽默语言感化、刺激学生产生互动的积极性；最后，构建和谐、融洽、团结友好的课堂人际关系，促进学生积极、健康、活跃、向上的互动情感，保持学生在练习中处于良好的积极心态、强烈的求知欲望，必会有助于课堂教学中的交往和互动。

（二）精心备课是师生有效互动、建构优质高效课堂的保障

师生互动交流，需要教师对教学细节的精心准备。师生间互动交流得如何，备课的效果直接影响课堂质量及教学目标的达成。在师生互动中，教师是合作者、引导者、促进者，要有效地将学生“陷”入备课时所设的“陷阱”。因此，课前要精心备课，预设课堂互动生成。第一，要预设高质量的问题。教师通过设置问题，把学生的思维活动和言语活动吸引到问题情境之中，使学生精神集中，思考问题更加系统深入。第二，预设问题要有利于学生形成对知识技能的提高，有利于增强师生互动的实效性。作为课堂教学的设计师，教师对教学环节的精心设计在师生互动中显得尤为重要。应当注意的是，一节课的问题预设不宜过白、过繁、过多，避免事倍功半。

（三）娴熟技巧是师生有效互动、建构优质高效课堂的措施

1. 师生齐动，忌“一头热”

教师和学生在课堂上都“动”起来，是师生互动，是建构优质高效课堂的精髓所在。在教学过程中，教师要面向全体学生，因材施教，激发每个学生的学习欲望，形成“共振”和“共鸣”，所以，互动的课堂不是教师唱独角戏。教师不仅是教学指导者，也是教学参与者，要积极构建互动的舞台，和学生共同去探索，去发现，去求真，师生一起感受体育锻炼的快

乐。动中激发热情，动中产生共鸣，动中获取成功的喜悦。

2. 多元评价，忌讽刺挖苦

在课堂教学中，发挥学习评价激励功能，是促进有效师生互动，建构优质高效课堂的重要措施之一。在学习交流中师评、自评、互评，在评价中激活思维，激发学习、锻炼欲望。教师对一个漂亮动作的真诚鼓励和赞美，会让学生如沐春风，从而保持旺盛的学习热情。可以看出，要使学生积极参与教学活动，就要以激励学生为主，客观评价，借助评价的多元功能，激发学生的自动力，使学生敢于在体育课堂中充分参与问题的思考、质疑、认知、锻炼，在激励、赏识、赞扬中展开思想观念的碰撞，不断加强体育知识、运动技能的自我建构、自我发展、自我完善，建构起优质高效的体育课堂。

3. 要“众言堂”，忌“一人语”

对学生的课堂行为给予最大化关注，即师生互动是建构优质高效体育课堂的必要条件。教师在体育教学过程中产生的问题，要始终体现学生的主体地位，尊重每一个学生的意见。学生若能主动参与，教学过程中的师生互动也就十分有效。“以学生为主，倡导自主、合作、探究的学习方式。”因此，课堂上要给学生营造一个宽松自由的探索空间，变“一人语”为“众言堂”，给每一个学生提供锻炼自己的有效载体和展示平台，张扬学生个性，使学生健康茁壮成长。

4. 把握时机，忌动而无力

“交流要讲究技巧，引导学生向正确的方向发展，包括语言、示范、反馈——这是双方共同的需求。”“互动要把握时机，不能因为要互动而互动，体育教师要善于抓住课堂上生成的现有资源，在恰当的时机进行师生互动。”因此，把握好课堂师生互动的时机是建构积极、有效师生互动的基本前提。无原则的互动对于课堂教学效果会事倍功半，师生互动应该是一个有序的、有张有弛的动态效应。

（四）师生有效互动，建构优质高效课堂应把握的三个原则

1. 关注差异，育互动能力

关注每一位学生是建构有效师生互动的必要条件。中小学生有性别、年龄、认知发展水平的不同，有的学生接受知识快速，有的掌握动作技能迟缓，产生这些差异是正常的。师生互动在于包容不同层次的学生参与课堂，从而提高了课堂教学的有效性。教师决不因为学生的柔韧性、协调性等能力差而故意冷落；决不因为其对技能接受能力差而放弃；决不因学生回答错误而对其批评或指责；决不凭借教师权威控制学生个性的自由发展。对学生在体育知识、技能学习过程中遇到的困难和出现的问题，教师要根据教学内容、目标和要求，适时有效地帮助和引导，通过互助交流，多给他们指导和帮助，多给他们发言、展现自我的机会，创设“一帮一，多带一”互动氛围，挖掘每一个学生的潜能，发挥有效师生互动本源功能，实现优质高效的教学目标。

2. 教学相长，避高高在上

教学活动是师生的双边活动，要使之有效地进行，师生之间就要做到互相理解、支持，人际关系就要平等、和谐，使“师生互动”落到实处。教师要放下自己的架子，走进学生中间来。教学过程中，教师应以平等、民主、合作的师生关系调动课堂的积极情趣，形成互动、共享的氛围。因此，要想形成有效的师生关系，教师一方面要尊重热爱学生，另一方面要对学生持肯定、接纳的态度，注重激发学生的创造思维和想象力。学生不再是知识、技能被动的接受者，教师也不再是一个高高在上的知识传授者，两者是一个真正的“学习共同体”。

3. 务实有效，忌华而不实

在教学中，教师要有效引导，发挥师生互动的实质功能。师生互动应该有效、真实、开放而有序。反观我们的体育课堂，有些教师绞尽脑汁想出的调动学生积极性的“高招”，表面上师生互动场面“金玉其外”，实则

教学效果“败絮其中”，这是一种“假互动”。因此，教师要教给学生学习、锻炼的方法，提出明确的建议，合理进行分工。师生不仅是手动、嘴动，还要心动、脑动；教师不仅和单个学生互动，还要与小组、全体学生互动交流，注重师生互动的实效性、合理性、有效性。

叶澜教授说：“课堂教学的本质应当被视为师生、生生互动的过程。”因此，要建立积极、有效的师生互动，就需要体育教师全身心地投入，不断地充实、完善，在体验、反思、感悟中，不断地发展自己，提高自己的业务能力，实现师生双方在课堂互动中的积极发展。

（原文刊发于《中国学校体育》2010年第4期）

案例1：水平二四年级《原地侧向投沙包》教学设计

Ⅰ　教学内容

1. 投掷：原地侧向投沙包。

2. 游戏：换物接力。

Ⅱ　设计理念

根据《义务教育体育与健康课程标准（2022年版）》的要求，本课在教学中坚持“健康第一”的体育教育思想，激发学生的运动兴趣，注重学生的主体性并关注学生的个体差异。体育教学本身就是让学生在活动中去实践、去尝试、去体验的过程，因此在体育教学过程中，创设情境引导学生进入特定的教学活动，学生通过观察、参与、探究、感悟，形成良好的观念、情感、态度和行为方式，培养学生的小组合作和竞争意识、自主探究和学习能力、创新精神和实践能力，达到教与学的和谐统一。

Ⅲ　教材分析

投掷是体育教学的主要组成部分之一，学生投掷能力是身体和心理发展的重要标志。本课使用较轻的沙包替代垒球和实心球来组织教学，就是学生自我的尝试、比较、提高的一个探索过程，更有利于逐步改进投掷的技术动作，提高学生投掷兴趣，为以后教学奠定良好的基础。教学时应从自然投掷向合理的投掷方法过渡，多采用原地肩上屈肘和侧向背后过肩的投掷方法，并与游戏相结合进行教学。练习的设置以激发学生的学习兴趣为出发点，注重调动学生学习的积极主动性，在掌握动作技术的同时注重培养学生学习的能力，同时教会学生学习的方法。本水平阶段的投掷教材单元为4节课，本节课为第二次课，如何让学生肩上屈肘、快速挥臂是本节课主要解决的问题。

Ⅳ　学情分析

本节课教授的对象为四年级学生，四年级学生的感知觉还处在少年阶段，本阶段视觉和听觉的感受性已发展到一定水平，感知事物的目的性比童年阶段明确，感知事物的精确性也有所改善，因此，身体练习时应相对提高难度和标准。注意分配能力也有提高，在注意腿的动作同时，还能注意到手或脚的动作，注意上下肢动作的同时，还能关注到重心的变换。为此，在本节课的教学中，在关注学生个体差异的基础上，通过由简到难、层层递进的练习形式，在掌握动作技术的同时还培养了学生的学习能力和意识。

Ⅴ　教学目标

1. 通过学习进一步掌握原地侧向投掷沙包的方法，发展学生灵敏、协调等的身体性能和肌体的控制能力。

2. 95%的学生掌握原地侧向投掷沙包的基本动作，发展投掷能力，体验投掷活动的运动乐趣和方法。

3. 培养良好的合作精神与创新意识，形成勇敢、顽强、克服困难的优良品质。

Ⅵ　教学重难点

1. 重点：快速挥臂。

2. 难点：肩上屈肘。

Ⅶ　教学策略

针对四年级学生活泼好动、求新求趣，具有一定的自主学习能力和合作意识，有较强的集体荣誉感，但全身协调性差而且注意力容易分散的特点，本节课的教学紧扣活动内容展开教学，遵循整体原则、和谐原则与健康第一原则，结合生活常识，运用层层递进的教学方法，使学生了解原地侧向投掷沙包的动作方法，掌握原地侧向投掷沙包的动作方法，以“原地侧向投沙包”的学练为主线，通过“抛接沙包—画彩虹—滑翔机起飞—彩虹桥—打敌机—换物接力跑”等游戏活动完成教学，激发学生运动兴趣，使他们在愉快的教学氛围中，轻松地完成教学任务。这充分体现了以教师为主导、学生为主体的启发式、探究、分层教学等新的教学理念。

表 2-2 《原地侧向投沙包》教案

<table>
<tr><td>授课教师</td><td></td><td>年级</td><td>四年级</td><td>人数</td><td></td><td>课时</td><td>第二课时</td></tr>
<tr><td>教学内容</td><td colspan="7">1. 投掷：原地侧向投沙包。
2. 游戏：换物接力。</td></tr>
<tr><td>学习目标</td><td colspan="7">1. 通过学习进一步掌握原地侧向投沙包的方法，发展学生的灵敏、协调等身体性能和肌体的控制能力。
2. 95% 的学生掌握原地侧向投沙包的基本动作，发展投掷能力，体验投掷活动的运动乐趣和方法。
3. 培养良好的合作精神与创新意识，形成勇敢、顽强、克服困难的优良品质。</td></tr>
<tr><td>学习重点</td><td colspan="3">快速挥臂</td><td>学习难点</td><td colspan="3">肩上屈肘，协调用力</td></tr>
<tr><td>课的结构</td><td>教学内容</td><td>练习时间</td><td>练习次数</td><td>教师活动</td><td>学生活动</td><td colspan="2">教学组织</td></tr>
<tr><td>准备部分 9′</td><td>一、课堂常规
1. 体育委员整队，报告人数。
2. 师生问好。
3. 宣布内容任务。
4. 检查服装。
5. 安排见习生。</td><td>1′</td><td></td><td>1. 整理队伍。
2. 向学生问好。
3. 明确本课的内容和要求。
4. 检查学生服装。
5. 询问学生身体健康状况。</td><td>1. 体育委员整队。
2. 问好。
3. 认真听讲，明确学习内容及要求。</td><td colspan="2">组织：四列横队

要求：精神饱满，注意力集中，整队快静齐。</td></tr>
</table>

续表

课的结构	教学内容	练习时间	练习次数	教师活动	学生活动	教学组织
准备部分9′	二、热身活动 1. 跟我做（音乐：跑步音乐）。 2. 我秀我行：颈部绕环、上肢运动、体侧运动、体转运动、弓步压腿、侧压腿、踝腕关节绕环、蹬地转髋。 3. 抛沙包：双手接、单手接、拍手接、转圈接、蹲下接。	8′	3 3 2	1. 教师统一口令。教师示范，指导学生慢跑，路线、方向、速度。 2. 教师示范，学生练习。 3. 教师哨音指挥练习。	1. 按照老师口令练习。观察动作，认真练习。 2. 认真观察教师示范，进行练习。 3. 自抛自接练习，用力向上抛沙包，看谁抛得高，击掌多。	组织：四列横队成体操队形。  要求：动作规范。听从指挥，注意安全。 组织：四列横队成体操队。 要求：动作舒展优美，活动充分。
基本部分28′	一、原地侧向投沙包 1.“画彩虹”：学生用手中的彩带球尾巴画彩虹。 2.“滑翔机”：手握沙包让丝带在肩上划过。	3′ 3′	7~9 7~9	1. 语言导入如何用彩带画彩虹游戏并示范。 2. 组织学生练习，并提示：彩虹应该是在天上出现，提示向前上方画彩虹；在耳畔听到声音，提示肩上快速挥臂。 3. 组织学生展示并评价。 4. 组织学生比赛。 5. 小结。 1. 语言引导游戏方法，强调丝带必须从肩上滑过。	1. 明确如何用手中的彩带画彩虹。 2. 按要求进行练习，要求在前上方画彩虹，并且能在耳侧听到声音。 3. 同伴纠正评价。 4. 比赛：看谁做的彩虹最好看。 1. 认真观察，关注要领。 2. 尝试练习体会动作。 3. 进行组合练习，做两次丝带肩上滑过加一次画彩虹。 4. 相互观察学习。	组织：两列横队。 要求：控制好左右距离，避免碰撞。 要求：快速挥臂。 组织：两列横队。 要求：肩上屈肘。

续表

课的结构	教学内容	练习时间	练习次数	教师活动	学生活动	教学组织
基本部分28′	3.“彩虹桥”：将沙包投出，制造出彩虹桥。 动作要领：侧对投掷方向，两脚前后开立，右手持沙包向侧后方向伸展，右腿微屈，右腿蹬地，向左转体，右臂经肩上、头侧自然挥臂，将沙包向远处投掷。 口诀：投掷方向左肩对，右臂后引脚开立（准备动作）；蹬地转体肩上投，出手快速又有力（投掷动作）。	8′	7~9	2. 组织学生分解动作练习。 3. 组织进行综合练习。 4. 组织学生相互观察。 1. 语言引导游戏方法。 2. 教师示范并组织练习。 3. 巡视指导，纠正错误。 4. 根据情况，再示范讲解。 5. 组织进行组合练习 6. 提示两个评价标准：观察彩带飞行角度；观察彩带抖动程度。	1. 认真观察，学会要领。 2. 有序练习，及时纠正。 3. 再观察再学习。 4. 进行组合练习，两次丝带滑过加投沙包。 5. 自评和互评。 6. 学生展示。 7.交流归纳再练习。	组织：两列横队。 要求：就近捡沙包，不要相互争抢，注意安全。
	4.“打敌机”。	8′	7~9	7. 学生展示。 8. 组织学生再练习。 9. 小结。 1. 讲解游戏方法与规则。 2. 哨音指挥练习。 3. 重点引导正确出手角度，把另一只手举起当瞄准镜，指向升起的气球。 4.组织比赛并小结。	1. 明确游戏方法和规则。 2. 练习体验，注意出手角度，投掷时把另一只手举起来当瞄准镜。 3. 投向气球时注意快速挥臂，肩上屈肘。 4. 比比谁击中的多。	组织：两列横队。 要求：控制出手的角度、力度，击中气球。

续表

课的结构	教学内容	练习时间	练习次数	教师活动	学生活动	教学组织
基本部分28′	二、游戏：换物接力 游戏方法：将学生分成人数相等的八队，成纵队站在起跑线后，排头持沙包。发令后，各队排头迅速向前跑出，绕过本队标志再返回，将沙包交给下一位同学后排在队尾，接到沙包的学生迅速跑出，依次进行，直至最后一人。 游戏规则：沙包落地要捡起再跑。（音乐：加油歌）	6′	2	1. 教师讲解示范游戏方法、规则及要求。 2. 组织学生游戏。 3. 教师宣布成绩。	1. 认真听游戏方法和规则。 2. 尝试练习。 3. 分组比赛。 4. 相互评价。	组织：四路纵队。 要求：遵守规则，合作共赢，安全第一。
结束部分3′	放松：放松操。 点评：总结学习情况。 值日生收回器材。 师生致意，宣布下课。	3′		教师播放音乐，并领做；听取学生的感受，积极正面评价；提示下次课内容。 向学生击掌致意再见。	1. 充分放松。 2. 谈学习收获。 3. 值日生归还器材。 4. 师生致意，下课。 5. 体育委员将队伍有秩序带回。	组织：四列横队成体操队形。 要求：随音乐跟教师一起做放松动作，充分放松。
场地器材	沙包33个，录音机1台，挂图1幅，标志杆、气球若干。	运动密度：70%~75% 练习密度：50%~60%			平均心率：140次/分左右	

三、正确引导，提高探究教学的有效性

新课程提倡学生自主、合作、探究的学习方式，这就要求我们的教学不是把现成的解决方法传授给学生，而是将如何解决问题的方法教给学生，使学生能独立思考问题、克服困难、解决问题。在教学实践中，我积极采用探究式教学这一不断深化的教学程序实施体育教学，收到了颇为满意的效果。

（一）情境创设，问题引领是提高体育课堂教学有效性的基础

情景创设是教师在教学过程中为实现探究教学有效性，通过创设相关的故事情节、场地器材和情景氛围，提高学生体育探究的激情，让学生在教师设置的情景中完成探究学习。如，在跨栏跑教学中，第一课时把小垫子折叠成直角，代替第一、二排的跨栏，结合初中学习的技术知识，让学生先做2~3栏的跨栏跑，提出课题，针对练习提出有意义、有价值的探究学习的关键性问题，如“什么是跳栏、跨栏、跑栏”“跨栏为什么要攻栏”“攻栏的要素”“如何练出攻栏动作”等问题，按照教材特点以及逻辑顺序将这些问题有序、有效展开，引导学生仔细观察，在头脑中形成“为什么”“怎么办”等观念，产生探究的欲望，从而去主动发现问题，进一步解决问题，形成一种良好的学习状态，引导学生观察—思考—实践—巩固—提升，逐步培养学生的探究意识和探究习惯，发展学生的探究能力。在这一过程中，教师要以完成教学目标为出发点，遵循运动技能形成规律和学生的身心特点，提高体育课堂中探究教学的有效性。

（二）同伴互助，主动参与是提高体育课堂教学有效性的前提

同伴互助是一种典型的两人以上帮扶单人或多人的学习活动，是师生、生生、组外、组间进行合作的探究模式，既是体育知识技能形成的一种重要形式，也是学生进行合作探究的一项有效策略。如，室内课上学生们玩

抓手指游戏不一会儿就觉得枯燥了，教师应及时引导学生在方法、人数上进行探究创新，创编新花样：①由单手掌心向上变为向下；②由单手掌心向上变为双手向上；③由双手掌心向上变为双手向下；④双手掌心变为一个向上、一个向下；⑤由 2 人一组变为 3 人一组做上述练习。即 1 人抓 2 人或 2 人抓 1 人。一个简单的游戏在同伴互助、合作交流下踏进学习探究的新天地，学生的参与热情高涨，游戏花样层出不穷，简单、枯燥的内容变得异彩纷呈，最重要的是学生真正体会到了课堂主人翁的感觉。此外，在做其他游戏时，教师也可以引导学生在组织形式、参与人数、游戏规则、器材的“一物多用”等方面进行创新。实践证明，同伴互助让学生主动参与到了探究学习之中，在互助中切磋、分享、提高，不仅有利于形成一种相互协作、相互支持、相互促进的探究学习氛围，而且有效激发了学生的探究学习动机。

（三）尝试感悟，积极练习是提高体育课堂教学有效性的重要手段

尝试感悟是一种基于学生通过自身的体育探究活动经验，获得体育知识、动作技术要领等感性认识的过程。如，在以玩篮球为例进行基本活动练习时，学生可以分小组自由练习，小组长负责活动。然后提出要求，从人体部位的角度创编：上肢、下肢、上下肢合作创编等；从动静态的角度创编：动态的投、抛、传、接等，静态即相对小范围活动的绕体、胯下抛接、胯下绕 8 字、前抛后接、后抛前接等一系列练习；从组织形式角度思考：个人、双人、小组合作活动等。在预设问题的引导下，让学生充分经历“思考—研究—实践—探究”的洗礼，在展示汇报交流后，教师即时进行总结性评价，鼓励为主，对不规范的技术动作及时跟进指导帮扶，对学生的困惑适时释疑解惑，使学生在体育活动中养成从多角度动脑、思考的习惯，分析、解决、探究问题的能力也随之得到培养和提高。在体育教学训练中，教师要充分为学生创设体验体育技能的“舞台”，使学生在感悟体验、积极练习的过程中获得成功与失败的体验，达到提高体育课堂教学有

效性的目的。

（四）视觉感受，直观体验是提高体育课堂教学有效性的有效载体

在体育教学中，合理运用多媒体、体育挂图等辅助教学手段，能较好地调动学生的各种感官，激发学习热情，使其产生模仿的欲望，引领学生全身心地投入体育情境中，汲取知识，开启智慧，事半功倍。如，在肩肘倒立教学中出示图片，讲解示范后问学生："上体后倒后，怎样才能让腿举得高？"让学生带着问题分组进行尝试练习——用倒置的身体写字母"L"，然后引导学生把字母"L"中的竖拉长。学生经过积极思考、尝试、讨论、探究，尝试将腰背向上逐渐升高，边体验，边领悟，边掌握，找到解决问题的办法，进而使腰背往上升而不触垫，与此同时，教师及时讲解保护与帮助的方法，进行观察、提示、表扬，对学生的动作提出相应的要求与规范，从而使学生在自主讨论的热烈氛围中掌握技术。在辅助教学手段中模仿、探究，形成要学、乐学、会学的良好态势，激发学生探究热情、学习兴趣、学习潜能，有效调动学生探究学习的积极性。

（五）对比分析，总结反思是提高体育课堂教学有效性的关键环节

对比分析，总结反思是加深学生理解所学知识的重要手段，也是纠正错误的常用方法，是提高体育课堂中教学有效性的关键环节。如，进行侧向滑步推铅球教学时，先让学生用手臂的力量推铅球，对落点做好标记；然后试用手臂、腿部及躯干扭转的力量进行推铅球，落点做好标记；再利用侧向滑步推铅球，落点做好标记。完成后，对三次成绩进行比较，学生会发现一次比一次远，然后追问学生远度发生变化的原因，引导学生得出结论：只有动员全身更多的肌肉加入，才能把铅球推得更远；只有动作幅度大、做功距离长，才能更好发挥自己的潜能，铅球才能推得更远。通过比较，侧向滑步推铅球的技术要点也就明确了。此教法的重点应放在组织学生讨论上，要引导、启发学生自己去发现动作技术的重要性及明确动作

的实质。教师要在认真备课的基础上引导学生对动作的正误进行比较、分析、总结、反思，形成正确的动作定型，调动学生探究学习的热情。

（六）重视激励评价功能，是提高体育课堂教学有效性的催化剂

在体育教学中，教师微笑的面容、亲切的眼神、落落大方的肢体语言会让学生感到亲近，在这个基础上，对学生的探究学习给予及时鼓励、肯定赞许。当学生练习失败时给予鼓励，当学生练习成功时及时表扬。例如“你冲拳有力，动作干净利落”“你们小组的合作有实效”，一个微笑颔首、一个高高竖起的大拇指等，都会让学生充满自豪感，增加自信心，增加对体育探究学习的积极性。

（七）多种形式的竞赛活动，是提高体育课堂教学有效性的延伸与提升

体育竞赛是体育教学的主要载体，给学生搭建了充分展示才华和特长的平台；更重要的是，通过丰富多彩的活动，培养了学生的组织能力，增强了学生的参与意识，促进了学生情感态度和价值观的形成，提高了学生的探究意识和探究能力。如，在武术教学过程中，高中学生已经掌握了一些手型和步型等基本动作及简单的套路，课前，可以先拿出几个动作进行复习，让学生探讨其在实际生活中如何运用，进而进行分组演练对抗或者在学习新套路后进行新的动作套路创编。几个同学一组，各组之间进行比赛，利用已学过的动作开始演练、对抗、组合，评出优胜组，提高学生的探究欲望，多种形式的竞赛活动，极大地激发学生的练习热情，学生之间相互切磋技艺、找出差距、取长补短，做到边比赛、边交流、边学习、边提高，是体育课堂中探究教学有效性的延伸与提升。

（原文刊发于《中国学校体育》2011 年第 6 期）

案例 2：《持轻物掷远掷准》教学设计

Ⅰ　教材设计理念

新课程改革的重要理念之一就是让学生快乐地学习，促进学生健康成长。本课将二年级的投掷教材的教学以游戏活动形式展开，融娱乐、趣味、知识、教学、评价于一体，使教材内容更具人文化，更贴近学生的年龄、情感，让学生在玩中学，学中练，在愉快的 40 分钟学习活动后，身体、技能、心理、意志等各方面都能得到一定的发展，体会到参与体育活动的乐趣。

Ⅱ　教材内容分析

持轻物掷远是九年义务教育小学体育课程标准实验教材水平一的教学内容之一，这一内容从动作方式到所用教材，都很接近儿童生活，其游戏性和趣味性很浓。通过各种投掷物的投掷练习，学生初步学会用自然快速挥臂的投掷方法将投掷物迅速地投向指定的方向，锻炼学生上肢肩带、关节、韧带、腰腹肌肉力量，同时使学生获得充分的运动和心理体验，感受活动的乐趣，学习各种基本活动的动作和简单的运动技能，培养正确的身体姿势，全面锻炼学生的身体。

Ⅲ　学生情况分析

小学二年级学生具有活泼好动、想象力丰富、好奇心强的身心特点，由于正处在身心发展的初级阶段，他们注意力容易转移，独立思考能力较差，容易受外界事物的影响，所以，教学中应注意培养学生参与体育活动的兴趣，培养学生良好的学习习惯。

Ⅳ　教学目标设计

1. 引导学生以饱满的热情，积极、主动地投入活动中去。使学生掌握轻物投掷动作，发展上肢力量、身体协调等身体素质。

2. 80%~85% 的学生掌握正确的投掷姿势，能模仿和借鉴他人的动作。

3. 激发学生对运动的兴趣，建立自信，敢于挑战，团结和尊重他人；

遵守规则，发展学生良好的规范意识，相互合作与交流，增强安全、环保的意识。

Ⅴ　教学重难点设计

重点：肩上屈肘，快速挥臂。

难点：正确的出手角度。

Ⅵ　教法、学法设计

1. 教法：本课主要采取的是情景教学法、游戏法、评价激励法。教学中，尽量为学生提供自由学习的时间和空间，以满足学生的心理要求，遵循学生的认知规律，发挥想象力。

2. 学法：各种练习中，给学生以足够的发展空间，让学生自主学习；采取尝试学习法、小组合作学习法，在学练过程中，学生以自学自练为主，小组练习与比赛相结合，培养学生的运动能力、组织能力及观察评价等能力，凸显“自主、合作、探究”的新课程理念。

Ⅶ　教学流程设计

根据人体机能活动能力的变化规律和注重发挥学生主体作用的因素，结合课的任务和学生心理需求，把本课要学习的内容贯穿在游戏活动中，以此提高学生的学习兴趣，达到良好的效果。场地布置（新异环境刺激）→营造氛围（游戏激趣）→求知体验（学习基本的投掷技能）→知识拓展（通过游戏来拓展和深化技能）→快乐放松（师评与互评结合）。

Ⅷ　教学过程设计

课前准备：体育课的场地设计是课堂重要的组成部分，一个好的场地设计能使课堂组织更加流畅，更能吸引学生参与的欲望，为教学组织的实施提供保证。本节课我在规定的区域内设置了游戏区，并用醒目的牌子标明——“飞机场”；在“飞机场”的隔壁设置了一个“竞技场”。

（一）营造氛围，游戏激趣

创设情景：让学生扮演飞行员，执行紧急任务并接受领导的检阅。这样导入新课，充分调动学生的积极性，学生精神抖擞地投入“阅兵”活动中。

1. 空中飞行：学生模拟飞机在空中飞行。散行队，围绕教师。

2. 接受检阅：执行完任务接受“领导”检阅。四列横队，散开队形。

3. 队列练习：振奋精神，提高积极性。四列横队。

4. 巧折飞机：组织学生制作小飞机，折纸飞机的过程中可以要求学生互帮互助，培养他们的动手能力。

5. 自主尝试：折好后自由活动，体会投掷动作。松散形。

【设计意图】通过语言提示，充分展示学生的想象力，鼓励他们大胆尝试，使学生互相取长补短、资源整合，创造好的投掷方法。这一环节约为10分钟，运动强度小。

（二）求知体验

在设计上注重学习内容的多样化以及学习方式的兴趣化，将两项内容有机结合，以投纸飞机、投“纸球”为载体，通过尝试练习，教师组织学生讨论怎样才能掷得远，通过练习，学生掌握并体验自然快速挥臂的动作方法，学会自评和互评。

第一阶段：求知探索

1. 提问：知道飞机是怎么起飞的吗？想不想将自己做的飞机起飞？

2. 学生尝试学练。

3. 请学生演示起飞动作，并对其评价、表扬。

4. 怎么能使飞机飞得又高又远？老师示范动作，引出正确的出手角度，在头的前上方。教学投掷要领：要想飞得高，手要举过头！要想飞得远，出手要迅速！

5. 学生分散练习动作，掷过前面的横线。教师巡视。

【设计意图】在玩的过程中思考“怎样用力才能使飞机飞得更高”，学生带着疑问去实践和体验，在实践中他们自然能找到正确的答案，教学的目的也就达成了。

第二阶段：合作探究

1. 甩“纸炮”：看谁甩得响

（1）请小朋友用制作的纸炮来玩一玩。老师要求小朋友要甩得越响越好。

（2）请小朋友演示动作，表扬。再看老师演示动作，提问：老师和小朋友做的动作有什么区别。

（3）怎样才能使纸炮甩得响？一起随老师练习甩炮动作。（引出肩上屈肘，快速挥臂）

（4）分散自由练习。（强调快速挥臂）

2. 掷“纸团”：看谁掷得远

（1）提问：知道手中是什么东西吗？（纸球）

过渡：对了，下面老师就要你们用前面甩纸炮时肩上屈肘，快速挥臂和玩纸飞机正确的出手角度将这两个动作结合起来掷这个纸球，看谁将这个纸球掷得最远。

（2）随老师徒手练习动作。左（右）脚在前，右（左）脚在后，两脚前后自然站立，肩上屈肘，向前上方快速挥臂。

（3）学生分散尝试练习。教师巡视。

（4）小组展示，评比，表扬。

【设计意图】学生在尝试中探索、在探索中思考、在思考中参与体验、在体验中理解动作，学会了动作，教学目标水到渠成。

（三）巩固拓展

游戏：驾机穿越火力网。

组织：全班分男女两组进行，本组成员驾驶飞机，相互掩护从枪林弹雨中穿过封锁区，没有被击中的同学可以占领一个阵地，否则就被淘汰，最后占领阵地的人多的组为胜。

1. 重点

攻方能在奔跑中灵活躲闪，守方努力用正确的投掷方法投准。

2. 教法

（1）组织学生学习游戏的过程与方法，重点是投准方法。

（2）简单介绍“提前量”的概念，并组织学生尝试。

（3）带领学生进行游戏比赛，启发攻方队员要机智、果断地冲过“火力网”，守方要沉着、冷静，迅速、准确地投击。

（4）游戏过程中，时刻提醒学生注意安全。

3. 学法

（1）在组长带领下复习游戏，着重讨论、练习躲闪方法和投准方法。

（2）通过教师介绍和自我尝试，体验“提前量”投击的方法。

（3）积极参与游戏，在教师启发下，开动脑筋，攻方采用变速跑、跳起等动作躲闪；守方则要防止一开始就把“炮弹”打光。

（4）游戏时，做到只投击对方的下肢，以防意外事故的发生。

【设计意图】本环节主要是巩固学生对动作的动力定型，从投远拓展到投准，进一步调动学生的学习兴趣，在活动中体验合作的重要性。这一环节约为 26 分钟，运动强度为强。

（四）快乐放松

在舒缓悦耳的音乐中，学生自创动作，师生共同进行放松练习，使身体得到恢复，达到放松的目的，引导学生进行小结，捡起场地上的纸飞机，并教育学生要爱惜环境，渗透品德教育。这一环节约为 4 分钟，运动强度为弱。

1. 放松活动：天女散花

学生双手持纸球，弯腰吸气，听教师口令，伴随吐气将纸球抛向天空。2~3 次。

【设计意图】让学生控制好自己的情绪，学会放松与调整身体和心理状态。

2. 总结性评价：师生对本课进行评价，以表扬为主，对学生这节课的表现进行点评。

3. 下课：师生击掌致意，值日生收回器械。

场地器材：篮球场、废报纸 40 张、录音机 1 台。

IX　预计教学效果

1. 心理方面

学生积极主动参与学习，学生学习的情绪高涨，并能在玩中掌握知识，获得愉悦的心理体验和情感交流。

2. 生理状况预测

练习密度在 60% 左右；平均心率在 125~135 次 / 分；最高心率为 165 次 / 分。

X　教学建议

1. 本课主要是培养学生的学习兴趣以及参与的积极性，掌握简单的投掷技能，提高对动作的接受能力和身体的协调能力。师生之间相互合作、共同探讨、相互信任和鼓励，营造出和谐、融洽的课堂气氛，使教学目标自然完成。

2. 本课运用废旧报纸制成“飞机”，成为学生多种活动项目的器材，接着把“飞机”变成“纸球”，又很好地过渡到投掷内容，使学生活动起来也非常尽兴，体现了一物多用的思想。

3. 在投掷练习过程中，不但要注意安全，更要利用教材对学生进行安全教育。

（原文刊发于《体育教学》2010 年第 1 期）

四、和谐师生关系，熔铸师生情谊

体育教学是教师的教与学生的学之间的一种双边活动，即师生之间的心灵沟通和情感体验。心理学家赞可夫指出：“要让学生扎扎实实地掌握知识与其说是靠多次往返的重复，还不如说是靠学生独自去理解，靠学生内部的诱因，靠学生的情绪状态而最终达到的。”在体育教学中，教师如何积极调动学生的内部因素？教师怎样才能有效地建立和谐的师生关系？ 在体育教学中如何进行师生情感沟通呢？

（一）以学生为中心，是增进师生情感，构建和谐体育课堂的首要条件

在教与学中，学生不仅是知识的接受者，更是知识的继承者和传播者。在教学过程中，教师要注重充分发挥学生的主动性，调动学生积极参与。以生本教育为主，多一些责任意识，多一些奉献意识。因此，教师要发自内心地把学生当作课堂学习的主人，让学生积极参与体育学习，帮助他们有效学习，良好的师生关系便会水到渠成。但是，对待以“自我为中心”的顽皮学生，教师也不能作壁上观、听之任之，要注意抓住教育时机适时引导，使他们能投入课堂学习中来，迈出增进师生感情的第一步。

（二）发挥教师主观能动作用，转变教师教育观念是增进师生情感，构建和谐体育课堂的重要因素

“教师的水平再高，我们也不能恃才，而是要去不断反省，以自己的专业作为工具，以自己的情感作为润滑剂。”因此，教学中教师不能仅仅局限于“传道、授业、解惑”的古训，还要从自身专业素质的提升寻找差距，逐渐增进师生情感。

1.“讲授者”变为“引导者”

传统的教师，就是把体育知识技能灌输给学生，缺乏对学生学习情感的调动，师生感情在“压迫式”的教学中越来越远。现实中还存在很多不和谐的现象，驱使者压迫式的教和被驱使者奴役式的学，是师生关系紧张的根本原因。教师应该放下架子、蹲下身子，和学生一起畅游于体育知识与技能学习的海洋，引导学生迸发智慧的火花，享受学习的快乐。

2.“指导者”变为“合作者”

课堂教学中教师既是指导者，又是学生的学习伙伴，还是学生的听众和合作者。教学中合作产生原动力；合作产生亲和力；合作创造自信；合作加深师生情感。教师在教学过程中多参与学生练习，使学生能在愉悦欢快的气氛中不知不觉地得到提高，感受到老师热情的亲和力，感受到一种心灵的轻松，从而拉近了师生心灵间的距离，增强了学生的自信心。

（三）增进师生情感，构建和谐体育课堂注意的三个原则

1. 因人而异原则

课堂中只有根据学生年龄、性格、身体等特点具体分析，才能准确地把握住学生的心理，学生的个性差异是客观存在的，教师应学会观察、捕捉学生的个性特点，挖掘闪光点，激发潜能，树立学习的信心，矫正学习方法和学习行为。“投其所好，重其所长”是增进师生情感的一味良方。课堂上充分运用肢体语言，如拍拍肩、摸摸头、会心的对视等，对于体育成绩较差的学生，要更加呵护，多鼓励、多关怀，必定会得到学生的真情回报。

2. 严而有度原则

教学中要严而有度，严而有爱，严而有方，拳头式、侮辱式的教育只会让师生之间产生心理距离。在教学中不吝惜表扬赞许的同时，也要有针对性的批评，能做到“扬之有理，批之有道”，该严的严，该宽的宽，泛滥的爱是一种“害”，无原则的爱是一种“盲”。此外，针对课堂中的“意外”事故，教师要学会“冷处理”，更要注意措辞得当，切忌伤害学生的自尊心，冷静、理智思考后的教育效果更深刻、更有效。严格要求是爱的一种表现形式，把握好就是增进师生情感的一把钥匙。

3. 情感共鸣原则

师生之间要达到关系融洽就必须做到情感交融，课堂上必须给学生平等的发言权，给学生表达情感的机会。师生情感关系应是建立在师生个性

全面交往基础上的情感关系，是一种人与人的心灵沟通，换位思考、敢于承认错误，是增进师生感情的一剂良药，用真诚感动学生，赢得信任，从而产生“向师性”，使学生产生归属感。人非圣贤，孰能无过，关键是能在学生面前承认错误、以诚相待，既显示了教师的人格魅力，又赢得了学生的尊重和敬佩。

（四）增进师生情感，构建和谐体育课堂要做好四个结合

1. 水平阶段与学生需求相结合

针对不同水平的学生需求，制定切实合理的教学计划和目标，调动和激发学生练习的热情与激情，使学生会学、乐学、愿学，在轻松学习中培养良好的师生情感。对于不同年级的学生，其情感态度是不同的，把握好度，课堂气氛会非常和谐。

2. 教学内容与学生实际相结合

教师在选择和安排教学内容时要结合学生的实际情况，针对不同特点、不同能力的学生，选择适合的内容，为其提供锻炼、发展的机会，做到统筹兼顾。在平常的教学当中，制定教学目标和内容时，要尽力让不同水平、不同接受能力的学生都领略到成功的愉快感。

3. 教学方法与学法指导相结合

教学过程中要注重教学方法和学法指导，采取灵活多变、生动活泼、富有情趣的教学方法，既使学生掌握体育运动技能，又自然地搭建起增进师生感情的平台。如“站位表”就是体育教师发明的一种很好的沟通感情的技巧。如幽默的语言、优美的示范、丰富的游戏、有效的合作、激烈的辩论、打擂台等教学形式等。

4. 教师评价与学生评价相结合

教师在课堂中要学会用赏识的眼光看待学生，教学中采用激励性评价，帮助学生建立积极向上的学习情感；课堂上教师还须赋予学生评价的权利，使学生成为评价主体中的重要成员，使其在评价中主动参与、在评价中反

思感悟、在评价中寻求发展，在相互沟通交流中增进师生情感。当学生很完美地完成了动作，教师的一句“真不错，很漂亮”会让他刻骨铭心，教师的一个动作、一句表扬的话，拉近了师生的距离。

（原文刊发于《中国学校体育》2009 年第 12 期）

第三节　重视资源开发，搭建精彩课堂

《义务教育体育与健康课程标准（2022年版）》指出，积极利用和开发课程资源是顺利实施课程的重要组成部分，因地制宜地开发利用各种课程资源，可以发挥课程资源应有的教育优势，体现课程的弹性和地方特色。体育课程资源是指有利于实现体育课程目标的各种内外因素和条件的总和，其开发与利用实际上也就是把体育课程资源引入体育教学活动的过程。要根据学校和学生的需要有效地开发可利用的教育资源，多角度、多功能、创造性地开发和利用教材，使之与课程形成有机的整体，拓展学生的学习空间，引领学生走进课程、用心生活。体育教师是最重要的教学资源的利用者，因为他们决定着体育课程资源的鉴别、开发、积累和利用。课程资源的充分开发可以极大丰富教育内容，拓宽学生视野，满足学生的更多需求，激发学生的活动兴趣，提高学生身心素质的全面发展，比如，运用现实生活中的废旧物品改装和加工，自制简易的体育器材，既开发课程资源，丰富学校器材种类和数量，发挥器材多种功能，又为学生提供了充足的发展空间。

一、抓实课堂练习，提高教学效果

课堂教学练习是体育教学中的重要手段，体育的教学效果取决于课堂上学生的参与度和练习密度及练习技巧。教师对体育教学练习的理性认知、科学组织、深入反思，则是从微观层面推进课堂教学效果，使体育课堂练习更具有目标性、科学性、针对性，是解决重难点的途径。

（一）练习目标要明确

在体育课堂教学中，要充分发挥学生的自主性，明确目标是课堂教学的首要任务，这样可以激发学生对体育课堂练习的主体意识和对动作要领、动作方法的认知。教师根据课堂的任务细化课堂目标，使学生深入理解本节课的练习内容，激励学生对课堂练习的兴趣。

（二）练习重点要突出

体育教师要在课堂练习中抓住基本要素或知识点，使学生通过课堂练习完成教学任务，提高学生的体能，教会学生在运动的基础上，学会动作及练习方法。在课堂教学中，教师要把主要精力放在重点内容的教学上，在重难点上下功夫。如，在投掷教学双手头上前抛实心球时，应把出手角度作为教学的重点，把自下而上的发力作为教学的难点加以讲解。

（三）练习要有启发性

“学起于思。”教师要善于引导、启发学生练习的方法，激发学生对课堂的主观能动性，学生自主发现问题、分析问题、解决问题，在练习前教师要有意识地设下“悬念”，让学生带着问题去练习。如做篮球行进间运球，怎样做到上下肢协调？在学生思考的同时，教师讲解怎样在跑动中控球。

（四）练习顺序要合理

课堂教学练习设计要按照课的内容进行，设计要遵循循序渐进的原则，要考虑到连续性、顺序性、整合性，在学生练习中，设计顺序很重要，设计合理有利于提升学习兴趣，设计不合理会让学生越忙越乱，失去练习的兴趣。

（五）练习过程要有“度”

随意安排教学的练习难度引不起学生的兴趣，只会让他们自由散漫。

教学内容难度适当，可以刺激学生的学习兴趣，促进学生智力发展，增强学生体育锻炼的积极性。因此，每一堂体育课都应该有一定的难度。动作由浅到深使学生在练习中逐步突破重难点。例如在“跑”的训练中，如果每堂课都用 30 米跑、单腿跳，那就过于简单乏味。如果改变要求，增加一点难度，效果就会大不一样。例如，在耐久跑距练习中，利用不同的图形或加入定向越野，增加学生的视觉感和对定向越野的兴趣，使练习身心愉悦，起到意想不到的效果。

（六）练习形式要灵活

教学方法要灵活，任何一种教学方法都是围绕教学重难点而设计，其最核心的作用，就是为实现教学目标和完成教学任务服务。也就是把教师的教学、学生的学习和教材的内容有机地联系起来，并在教学活动中充分发挥各自的功能和作用。课堂教学方法应与教学内容紧密联系，要符合现代教学思想，符合学生的年龄特点，符合学生认识事物的规律，符合体育教学特点，符合学校教学环境的实际。形成练习方法新颖、变化多样的教学内容和教学方法。例如，跳跃教学中，学生常常感到厌倦，提不起精神，如果用不同的跳跃姿势或加入跳跃障碍等比赛方法，学生就能积极参加，很好地完成教学任务。

（七）练习设计要科学

合理安排练习，提高身体素质，是一个能动的过程。在这个过程中，学生要承受一定的生理负荷。只有适宜的运动负荷，才能提高教学效果，达到增强体质的目的。课的内容不同、任务不同、练习负荷也不同。即使教学内容相同，课型不同，负荷大小也不同。复习课就要比新授课的运动负荷大些。安排运动负荷，必须从学生的实际出发。所以在课堂练习中针对不同的学生，适量考虑学生的运动量，更好地完成教学。

（八）练习细节要缜密

运动要认真考虑学生的年龄、性别、体质等特点。不同年级体质强弱的学生，在承受运动负荷的能力上也显然不同。练习的目的在于调动全体学生的参与性、积极性，不应只是多数人参加，置少数学生于不顾。教师要考虑到给每一个学生练习的机会，尽可能地在分组练习中搭配合理的组别及运动量，这样才能调动全体学生的练习积极性。

体育课堂练习是必不可少的一个重要环节，所以，教师在课前要考虑练习中出现的一切问题，利用一切可利用的资源，让学生积极参与，调控好课堂，完成教学任务。

案例 3:《双手胸前传接球》教学设计

Ⅰ　教学内容

小篮球：原地双手胸前传接球；五年级（水平三）。

Ⅱ　教材分析

本课教学内容是篮球运动中的双手胸前传接球。双手胸前传接球是篮球运动中最主要的基本技术，是全队进攻的重要手段，起着组织全队相互配合的重要桥梁作用，是更好地学习各种技术和战术的基础，传接球技术好坏直接影响到集体力量的发挥和战术的配合的质量。

Ⅲ　学情分析

五年级学生身心的发展正处在由幼稚趋向自觉，由依赖趋向独立的半幼稚半成熟交错的矛盾时期。求知的欲望和能力，好奇心都有所增强，对新鲜事物开始思考、追求、探索。学习的兴趣更为广泛。同学间开始进行个人简单交往，往往偏重于情感而分不清是非。自我意识有所发展，自主性要求日趋强烈，但仍然缺乏自我约束的能力。男女生出现生理差异，女生上肢力量较差，也许会出现传球不到位的情况。篮球教学在中年级已经在游戏中出现，五年级学生已经学习过原地运球、行进间运球，有个别学生篮球技术较好，但大多数学生不会进行正确的双手传接球。

Ⅳ 教学目标

1. 通过学习，引导学生进一步明确双手胸前传接球的动作要领。

2. 通过练习，90% 学生掌握两种双手胸前传接球的技术动作，能在游戏比赛中合理运用，并表现出传球的准确性和速度，发展协调、力量等身体素质。

3. 增强学生对篮球运动的兴趣，培养集体荣誉感，体验成功感。

Ⅴ 教学重点、难点

1. 重点：球出手时翻腕、拨指的动作。

2. 难点：上下肢协调用力。

Ⅵ 教学策略

教学结构上，设计了以篮球游戏为主线，激发学练兴趣，培养良好习惯，在教学环境中，充分利用有限的运动场地进行合理的布局，给学生尽可能大的活动空间；教学手段上，通过尝试教学培养学生自主学习能力；利用示范建立概念，利用讲解加深印象，利用练习体会技术；评价方式上，把学生的自评、互评与教师的点评相结合；在能力培养方面，通过巧妙的安排游戏，培养学生协作能力，激发学生练习兴趣。

表 2-3 《双手胸前传接球》教案

<table>
<tr><td>授课教师</td><td></td><td>年级</td><td>五年级</td><td>人数</td><td></td><td>课时</td><td>第二课时</td></tr>
<tr><td>教学内容</td><td colspan="7">篮球：双手胸前传接球；游戏：运球接力赛</td></tr>
<tr><td>学习目标</td><td colspan="7">1. 通过学习，引导学生进一步明确双手胸前传接球的动作要领。
2. 通过练习，90% 学生掌握两种双手胸前传接球的技术动作，能在游戏比赛中合理运用，并表现出传球的准确性和速度。发展协调、力量等身体素质。
3. 增强学生对篮球运动的兴趣，培养集体荣誉感，体验成功感。</td></tr>
<tr><td>学习重点</td><td colspan="3">球出手时翻腕、拨指的动作。</td><td colspan="2">学习难点</td><td colspan="2">上下肢协调用力。</td></tr>
</table>

续表

课的结构	教学内容	练习时间	练习次数	教师活动	学生活动	教学组织
准备部分 8′	一、课堂常规 1. 体育委员整队，报告人数。 2. 师生问好。 3. 宣布内容任务。 4. 检查服装。 5. 安排见习生。	1′		1. 整理队伍。 2. 向学生问好。 3. 明确本课的内容和要求。 4. 检查学生服装。 5. 询问学生身体健康状况。	1. 体育委员整队。 2. 问好。 3. 认真听讲，明确学习内容及要求。	组织：四列横队  要求：精神饱满，注意力集中，整队快静齐。
	二、热身活动 1. 队列队形：左右转法。 2. 跟我做（音乐：跑步音乐）。 3. 我秀我行：颈部绕环、上肢运动、体侧运动、体转运动、球绕腰转、球绕膝转、抛接球击掌、击球转身。 4. 复习各种原地运球：蹲、底、高、原地体前变向。	1′ 2′ 3′ 2′		1. 教师统一口令。 2. 教师示范，指导学生慢跑路线、方向、速度。 3. 教师示范，学生练习时，老师出示不同的数字让学生说出来。 4. 教师和学生共同练习。	1. 按照老师口令练习。 2. 观察老师动作，认真练习，跑动中拿球。 3. 认真观察教师示范，进行练习。 4. 观察同伴，互相学习。	组织：四列横队成体操队形。  要求：动作规范。 组织：四路纵队。 要求：听从指挥，注意安全。 组织：四列横队成体操队形。 要求：动作舒展优美，活动充分。
基本部分 29′	一、双手胸前传接球 技术要领：蹬、伸、拨、伸、引。 1. 原地双手胸前传接球。 持球姿势：两手均匀持球于两端，掌心空出，双手呈八字形，两肘内收，持球于胸前，屈膝含胸，双眼目视传球方向。	8′	7~9	1. 教师语言导入。 2. 教师提问式讲解并示范。 3. 组织学生合作练习。 4. 巡视指导纠错。 传球口诀：两脚蹬地、伸膝伸臂，重心前移、翻腕用力。	1. 学生展示自学胸前传接球动作要领和技术动作。 2. 认真听讲，仔细观察，教师示范。 3. 学生分小组练习。发现不足，在练习中改进。 4. 学生示范表演。	组织：两人一组，面对面练习。 要求：动作规范，积极练习。

续表

课的结构	教学内容	练习时间	练习次数	教师活动	学生活动	教学组织
基本部分29′	传球重点：蹬地，伸臂，屈腕，拨指（情景：送客人）。接球重点：伸臂、立腕、触球、收臂、缓冲（情景：迎客人、接客人）。难点：传接球时协调用力，动作连贯。易犯错误和纠正方法：传球时手腕翻转不够；传球时食指、中指拨球不够；传球时两肘外张。 2.W 形原地双手胸前传球。 3. 圆形、扇形原地双手胸前传球。 4. 原地双手胸前传球过呼啦圈。	 4′ 4′ 5′	 5~7 4~5 6~8	接球口诀：两臂向前、手呈半圆形，后引缓冲、球接怀中。 纠正方法：传球时拇指下压；一人扶住球，一人做传球动作，练拨球；两人一组传球模仿练习，限制其肘外张。 1. 引导学生进行小组合作传接球练习，教师巡回指导，提示动作要领。 2. 组织学生进行传接球比赛；提示传球的路线。 3. 组织学生进行扇形传接球练习；教师适时评价，提示传球的速度。 4. 组织学生进行胸前传接球过呼啦圈练习；教师巡回指导；激励评价。	1. 学生进行传球比赛，比哪组传得又快又到位。 2. 学生成扇形站立练习传接球。 3. 交流练习中的优点和不足。学生互评。	组织：五人一组，间距2米。（如下图） 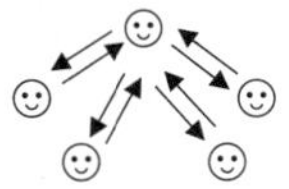 组织：四人一组，轮流交换练习。 要求：把握传球时机、传球提前量，以及接球的手形和缓冲。

续表

课的结构	教学内容	练习时间	练习次数	教师活动	学生活动	教学组织
基本部分29′	二、游戏：运球接力赛 游戏方法：全班平均分为四队。听到口令后排头运球跑出，到达终点后将球放入呼啦圈内，从呼啦圈左侧跑回与第二名学生击掌，第二名学生运球跑出。依次进行，先完成的一队获胜。 游戏规则：球脱手后捡回，从脱手位置运球继续进行。	8′	2~3	1. 教师讲解示范游戏方法、规则及要求。 2. 组织学生游戏 3. 教师宣布成绩。	1. 认真听游戏方法和规则。 2. 尝试练习1次。 3. 分组比赛。	组织：四列横队 ☺☺☺☺☺☺☺☺☺☺ ☺☺☺☺☺☺☺☺☺☺ ☺☺☺☺☺☺☺☺☺☺ ☺☺☺☺☺☺☺☺☺☺ ☺ 要求：遵守规则；合作共赢；安全第一。
结束部分3′	放松：模仿操。 点评：总结学习情况。 值日生收回器材。 师生致意，宣布下课。	3′		1. 教师播放音乐，并领做。 2. 听取学生的感受，积极正面评价。 3. 提示下次课内容，向学生击掌致意再见。	1. 充分放松。 2. 谈学习收获。 3. 值日生归还器材。 4. 师生致意，下课。 5. 体育委员将队伍有秩序带回。	组织：四列横队 ☺☺☺☺☺☺☺☺☺☺ ☺☺☺☺☺☺☺☺☺☺ ☺☺☺☺☺☺☺☺☺☺ ☺☺☺☺☺☺☺☺☺☺ ☺ 要求：随音乐跟教师一起做放松动作，充分放松。
场地器材	篮球场；篮球30个；音响1套	运动密度：70%~75% 练习密度：50%~60%			平均心率：130~150次/分	

二、让差错成为资源，绽放师生精彩

在体育教学中，学生由于年龄特征、知识结构、运动能力、学习态度、学练动作技能的迁移和泛化等不同，容易产生无意识、不自觉的“差错”

现象。如何让差错成为生成精彩课堂、构建高效课堂的法宝呢？

（一）善待差错，生成精彩

体育教学中，学生出现差错是正常的，因为更能体现课堂教学真实性。教学中，学生出现差错，教师要认真分析差错产生的原因，引导学生发现差错，找到问题的根源，巧妙引领，善待差错，促进课堂的精彩生成。如学习仰卧起坐时，把几个一屁股坐垫子上的调皮学生看作一朵含苞欲放的花儿，于是安排学生按照顺时针方向依次把双腿放入右侧同学的双腿底下，完成了仰卧起坐，让学生在纠正错误的过程中，加深对方法与技能的理解。由此可见，“差错”的出现是机遇，是挑战，出“错”很精彩，合理地用“错”更精彩。尊重差错、理解差错、宽容差错、善待差错，这样学生在课堂上才会大胆提问、大胆练习，这是构建高效课堂的基础。

（二）用好差错，构建高效课堂

1. 及时发现，让差错成为课堂的生成点

如学习前滚翻时，学生低头不够、团身不紧，出现顶头、后背摔落垫子上的现象，可以召集学生，让出现错误的学生向大家谈谈感受，引导学生避免在练习中出现这样的情况，生成正确的动作概念和动作定型。多一些尝试、多一些失败、多一份思考，从差错中发现，让发现的差错成为提高技能的催化剂。

2. 对比体验，让差错成为课堂的激发点

差错是一把双刃剑，处理得当可以使课堂诙谐幽默，激起学生学习的兴趣；处理不当可令教师脸面扫地，使师生或生生关系紧张。是啊，差错的出现就如一把“利剑”，让教学过程由“练习—探究—提高”转变为“差错—探究—对比—体验—进步—提高”。如投掷练习时，设计“运秧到田，抛掷秧苗”“天气突变，抢运粮食”“运粮完毕，欢庆丰收”环节，各个内容层层紧扣。发现抛掷秧苗环节中，学生投掷的角度不对，然后引导学生尝试、探究、对比，反复试验，学会从肩上出手向前上方投掷动作要领。对比体验，使学生认识到差错的根源，提高动作技能的准确性。

3. 巩固提高，让差错成为课堂的终结点

虽然差错总是在课堂上伴随学生成长，但是需要教师用独特的眼光仔细审视这些差错，当学生建立了完整的认知后，要进行不断巩固和强化，如立定跳远时，学生跳起发力不正确造成远度不够，可以让学生进行讨论、交流，再利用挂图“讲解要领—示范动作—巩固练习”，使差错不再成为学生进步的“绊脚石”。

（三）杜绝再错，因势利导

教师是教学过程中的设计者、合作者、引导者和参与者，课堂中出现的差错，教师要注重发挥学生的主体性，让差错不再重现，避免踏入第二次“差错陷阱”。在师生交流、发展互动的过程中更要善于发现差错、巧妙利用差错，让差错成为构建高效课堂的重要手段。

三、活用微课，提质增效

微课作为体育教学重要的辅助手段，以其情感化和直观性，帮助学生掌握动作要领和重难点、困惑点，在自主合作探究中培养学生发现问题和解决问题的能力。体育教学中应用微课的时机如何把握？如何保证微课的运用效果？

（一）抓住时机，对症下药

微课是翻转课堂必要的学习和教学手段，在体育教学中使用时要把握好观看的时机。在《快速跑》教学中，教师利用正式上课前的 2~3 分钟让学生分组观看北京田径锦标赛 100 米比赛的视频，引出学习的内容，激发学生学练兴趣，为发现本节课教学重点埋下伏笔。当学生思考影响快速跑的因素时，教师再次指导学生观看微课，在小组内讨论交流，找问题寻答案，通过比较发现步幅和步频之间的关系，通过高抬腿跑、跨步跑、追逐跑等以“运动处方”的形式强化练习，突破教学重点，提高快速跑的能力。如行进间体前变向换手运球教学时，要遵循“学生为主体，教师主导”的教学理念，围绕“运球时手击球的什么位置”“行进间体前变向换手运球时双手是如何交换的”问题，引导学生观看微课，引导学生通过观察、分析、思考，不断改进和提高动作质量，促进学生的个性发展和能力培养，突出学生的主动性和自主性，在互学互练、互帮互评、快乐愉悦中循序渐进掌握和内化动作要领。

在体育教学中，要有选择性地观看微课，学生会的不看，简单的不看，遇到学生不懂不会的时候再看，科学合理地利用微课教学资源。在学生观看后，教师也要适时引导，如“通过观看微课，你有什么问题”，学生提出问题后互助解决，针对学生发现不了的问题，教师补充，通过“讨论—交流—质疑—解惑”初步解决问题，对于难度比较大的困难，可以再次观看，逐步解决。

（二）活用微课，突破重点

微课具有静态事物动态化、复杂问题简单化、抽象问题具体化的特点，面对教学重难点的突破，教师需要采取哪种指导方法点拨更有效，是通过一对一、多对一的比较观察，还是通过一物多用、多物合一的精彩组合？

1. 静态事物动态化

体育挂图的优点是直观性较强，对于体育动作的每个环节进行划分，而微课直观性更强，对于完成动作的路线、方向、角度等以动态的形式展现在学生面前，动作要领便于学生领会和理解。行进间体前变向换手运球教学，如采用体育挂图学生就很难发现双手交换瞬间的变化，教师将这一完整动作微课交给学生观看，其双手交换时的动作一目了然，有效避免了说不清、道不明、不理解的尴尬，帮助学生直观地感知动作要领。

2. 复杂问题简单化

微课利用对培养学生良好的观察能力有着显著的效果，对学生快速建立正确的感性认识起着积极作用。如，学习行进间体前变向换手运球中“在防守时如何保护球？”由于行进间体前变向换手运球动作快、综合难度较高，学生很难清楚地观察到教师的示范动作。利用微课技术，通过清晰的动作示范和慢动作重放等教学手段，结合教师的讲解示范，帮助学生看清楚行进间体前变向换手运球时，手臂、腰、腿等身体部位的瞬间动作技术变化，掌握科学合理的保护球的要领，抓住关键，突出重难点，建立正确的动作表象。

3. 抽象问题具体化

微课让体育课上的运动更方便、更直观。体育课是以身体运动或身体使用器械运动为主，教师利用示范、讲解、口令提示等教学方法为辅，对学生进行身体教育的课程。如《快速跑》教学中，教师通过让学生观看微课，比较苏炳添和博尔特 100 米用的步数（48 步和 43 步）多少，帮助学生快速理解“步幅”和“步频”两个概念，把学生不容易明白的抽象问题具体化，水到渠成、简单易懂，为下一步的学习做好铺垫。

4. 评价反馈实效化

体育教学中，先进的教学媒体设备的高效实用为学生正确掌握体育项目动作方向、路线、角度等提供生动的学习素材，教师点拨引导培养学生在学练中主动探究、分析、合作能力，采用启发、模仿、自学、展示等教学方法，从易到难，循序渐进。有效利用了平板电脑多媒体设备，小组内将本组成员的特点动作录制并慢放分析，对比观察，揣摩体验，自我矫正，检验练习效果，促进学生掌握行进间体前变向换手运球。

5. 使用次数科学化

微课使用次数要科学合理，避免为观而观，为看而看。微课什么时间看？看多长时间？一节课观看几次？这是广大体育教师亟须解决的问题。观看次数的增多，观看时间的延长，致使学生练习的次数较少，造成练习密度和运动强度的降低，整节课的教学效果大打折扣。因此，观看微课时，要始终围绕教学重难点的突破和提高学生身体素质，更好地为增强学生的运动能力和技能水平服务。

云时代、大数据的到来，给体育教学方式、组织形式带来了一次头脑风暴，微课在体育教学中起到很好的辅助作用，我们应该合理地开发和使用微课，发挥其“立竿见影”的功效，提高体育课堂教学效率。

四、巧用体育挂图，提高技能教学

体育挂图是教学方法的主要形式之一，巧妙运用体育挂图，有利于发展学生的体能，掌握动作技能。教学中，不遵循规律、运用时机不正确、教师引导不到位、运用形式不合理、重难点解决不突出等因素，都是体育挂图在技能教学中的瓶颈。

（一）遵循规律，精致分析——以图解技

首先，根据不同水平学生生理和心理发展的局限，在学习技能教学动作要领时可以借鉴挂图“激发性”集中学生注意力，使教学内容生动有趣。如在前滚翻分腿起教学中，使用动作组合的分解挂图，让学生清晰地观察到“低头含胸提臀蹬地”“滚翻分腿”的时机和“移重心手脚同时压垫”的动作方法。其次，从运动心理学角度分析，学生对某一特定技术的掌握主要从运动表象和运动概念形成开始。如在武术教学中，运用挂图帮助学生看清楚移动路线和方向，帮助学生建立正确的动作概念。

（二）时机恰当，运用合理——以图求技

使用挂图，要根据课的目标和内容、学生实际，适时适量，巧妙安排，合理运用。在新动作讲授、自主练习、对运动技术的动作组成模糊不清、对动作的掌握出现偏差、复习已学的技术技能时，教师应该及时为学生出

示教学挂图，引导其向正确的技术方向发展，使学生练有所得、学有所获。

（三）设置悬念，引导探索——以图觅技

挂图的目的是吸引学生认真观察和积极思考，而出示挂图前简短的引言，努力激发学生想弄清楚某些问题的欲望。如背越式跳高教学演示过杆动作挂图时，教师应先提问，起跳前后腿与手的动作有哪些变化，如何形成正确的背弓姿势。让学生回忆日常生活的经验进行思考，然后指导观察，思考、回答问题，并得出结论，起到具体化和形象化的作用。

（四）对比观察，启发思维——以图促技

运用挂图，可以充分调动学生的视听感官，启发学生的思维。首先，通过视听感官与大脑思维的积极协调，将抽象思维转化为形象思维，不仅使学生能很好地理解教材，也使学生的记忆能力、判断能力和观察能力得到培养和提高。如接力教学中，把上挑式与下压式的动作技能挂图进行对比，两个动作的不同点显而易见，经过专门练习学生很快就会掌握。其次，将易犯错误动作做成挂图，比较直观地纠正错误动作，提出科学合理的改进方案。

（五）突出瞬间，抓住关键——以图巩技

在体育运动中，有许多运动技术动作结构具有连续性、复杂性，一瞬间要完成一连串复杂的技术动作。如技巧的滚翻、单杠的回环动作等，利用挂图帮助学生看清楚每一瞬间动作的技术细节，讲解各分解动作的要领，在演示整个动作全过程的同时，抓住动作的关键部分，突破动作重难点。此外，挂图运用时要注意照顾全体学生，摆放的高低要适中，不反光不背光，使学生看得准、看得清、记得牢。

实践证明，挂图是体育教学中不可缺少的直观教具和学具之一，不仅有效地弥补了教师讲解、示范技术动作的运动方向、运动路线、运动角度

等变化，而且帮助学生主动观察、细致分析动作技能形成的规律和特点，构建动作技能的空间观念、整体观念和创新意识，在感性认识的基础上更好地提高运动技能。

（原文收录于《中小学体育教学疑难问题会诊》杨立国主编）

案例 4：《跨越式跳高》教学设计

Ⅰ 指导思想

本课以“健康第一”为指导思想，以促进学生身心发展及兴趣爱好为出发点，运用自主、合作等学习方式，培养学生的创新意识与实践能力，充分体现学生的主体地位，让学生在自主、互动、尝试和体验的过程中获得参与体育活动的乐趣，从而在体育学习中增进学生之间的交流，共同感受体育运动所带来的快乐，为学生能很好地完成教学目标打下良好的基础。

Ⅱ 教材分析

水平三跨越式跳高是小学阶段教材的重要内容，占有相当的比例，教学中也占有十分重要的地位。本节课主要是让学生初步掌握跨越式跳高的起跳动作和两腿依次摆动过横竿的动作方法。针对学生在学习过程中出现的难点、恐惧心理和缺少自信等情况，本课用彩旗代替横竿的多样化组织及练习方法，丰富教学形式，提高教学效果，并让学生都有展示自我、体验成功的快乐。

Ⅲ 学情分析

五年级的学生正处在生长加速期，朝气蓬勃、富于想象，有很强的求知欲和表现欲，组织纪律性和学习积极性高。这个时期骨骼弹性好，关节活动范围大，神经灵活性高、反应快，容易接受、学会新的动作。而学生作为个体，又具有其独立性，要进一步培养其耐受挫折的能力，所以，在教学中给学生一个充分展示自己想象力、模仿力的舞台，发挥学生的主动性。通过竞争比赛，激发学生追求成功，敢于尝试冒险、挑战，靠努力和奋斗赢得胜利、超越自我的心理倾向。也可使学生心情愉悦，以乐观积极的态度去面对困难和挫折。

Ⅳ　教学目标

1. 学生能说出跨越式跳高助跑和起跳的动作要领，正确做出摆腿内旋下压过杆动作。

2. 95% 的学生学会摆腿内旋下压过杆技术，能越过一定高度，发展学生的灵敏协调素质和跳跃能力。

3. 培养学生对体育的兴趣与爱好，以及在运动中的安全意识和团队精神，增强自信。

Ⅴ　重点与难点

1. 重点：摆动腿内旋下压。

2. 难点：助跑和起跳相结合。

Ⅵ　教学方法

摒弃传统的教学模式，充分发挥教材趣味性强的特点，使学生在快乐活动中自主地发展弹跳素质。教学中，以彩旗代替横竿，消除学生对横竿的畏惧心理，充分利用器材调动学生的积极性。让学生观看挂图，自主练习，充分发挥学生的想象力，进行多种跳跃能力的练习，学生在了解跳高的知识后，主要练习简单的跨越式跳高技术。练习时，发挥学生的主体性，教师适当地巡回指导，进行纠错，学生可根据自己的能力自行调整高度进行练习，从而激发学习兴趣，发挥自己的特长，自我组织互帮互学，真正成为课堂的主体。

Ⅶ　教学特色

1. 教学手段多样化：为达到教学目的，本课在设计中充分运用挂图、游戏、音乐等形象，以喜闻乐见的形式，通过辅助练习、模仿练习、合作练习等多种练习方法，充分提高学生的学习兴趣和积极性。

2. 注重营造学习氛围：在教学的全过程中，通过创设情境、师生互动，注重营造和谐愉快的课堂氛围，使学生在欢乐轻松的气氛中学习知识，掌握技能，达到寓教于乐的目的。

3. 不断创新和拓展：根据学生的不同特点和需要，设计不同的方法，关注差异，区别对待，循序渐进，使学生充分发挥自己的潜能，努力探索，不断进取。

Ⅷ　预计效果

运动密度：70%~75%，练习密度：50%~60%，平均心率：140~150 次 / 分。

Ⅸ　场地器材

彩旗 33 面；大体操垫 4 块；音响器材一套。

表 2–4 《跨越式跳高》教案

学习内容	1. 跨越式跳高　2. 游戏：龙腾虎跃				
学习目标	1. 学生能说出跨越式跳高助跑和起跳的动作要领，正确做出摆腿内旋下压过杆动作。 2. 95% 的学生学会摆腿内旋下压过杆技术，能越过一定高度，发展学生的灵敏协调素质和跳跃能力。 3. 培养学生对体育的兴趣与爱好，以及在运动中的安全意识和团队精神，增强自信。				
学习重难点	1. 重点：摆动腿内旋下压。 2. 难点：助跑和起跳相结合。				
教学过程	课的内容	教师活动	学生活动	运动负荷	
				时间	强度
激趣导学	一、课堂常规 1. 体育委员整队，报告人数。 2. 师生问好。 3. 宣布课的内容与任务。 4. 检查服装。 5. 安排见习生。	1. 整理队伍。 2. 向学生问好。 3. 明确本课的内容和要求。 4. 检查学生服装。 5. 询问学生身体健康状况。	组织：四列横队。  要求：队伍整齐，精神饱满。	2′	

续表

教学过程	课的内容	教师活动	学生活动	运动负荷	
				时间	强度
激趣导学	二、热身准备 1. 舞“龙”灯（音乐：龙灯舞起来）。 2. 彩旗操（音乐：闪闪红星）。 3. 开火车：单足跳。	1. 教师带领游戏。 2. 教师领做彩旗操。 3. 教师讲解方法，统一口令，语言激励学生活动积极。	组织形式：四路纵队。 要求：积极参与，身体达到微热状态。 组织：四列横队成体操队形 要求：认真练习，充分活动各关节。 四路纵队，集体练习4次。	3′ 3′ 3′	下
探究学习	跨越式跳高的动作要领： 助跑：采用侧面直线助跑，右侧助跑者左腿为起跳腿，右腿为摆动腿，左侧助跑则相反。 踏跳：用起跳脚全脚掌着地，摆动腿稍屈膝积极向前上方摆起，当摆过横杆后，向杆下内转下压，两臂下垂。	1. 导入：跳高发展史，介绍跳高的方式有跨越式、剪式、俯卧式、背越式。谈话导入，创设问题情景。 2. 提出问题，结合图片进行讲解。师生交流，初步解决问题。 3. 指导学生自主练习，亲身体验。观察学生练习情况，巡视指导、纠正。 4. 组织展示评价，发现问题。找优秀生示范，学生讨论交流。 5. 点拨引导，解决要点。教师示范跨越式跳高，重点讲解并示范助跑后的踏跳，身体向上方腾起。摆动腿过杆内旋下压。	组织：四列横队，明确组长。 1. 仔细观察，认真思考。 2. 大胆提问，认真观察，积极回答。 3. 分组练习 （1）原地双脚依次过“斜杆”，重点是分清起跳腿和摆动腿。 （2）上一步跨过“横杆”，重点是踏跳有力，协调自然。 （3）上三步跨过“横杆”。 （4）助跑3~5步跨过“横杆”，重点是有节奏助跑，动作连贯。 4. 大胆展示，对比观察，质疑问难，相互评价。 5. 认真观察教师示范 （1）上一步头触空中小彩旗。 （2）上一步摆动腿踢空中小彩旗。	1′ 2′ 2′ 3′ 5′	上

续表

<table>
<tr><th rowspan="2">教学过程</th><th rowspan="2">课的内容</th><th rowspan="2">教师活动</th><th rowspan="2">学生活动</th><th colspan="2">运动负荷</th></tr>
<tr><th>时间</th><th>强度</th></tr>
<tr><td>探究学习</td><td></td><td>6. 巩固练习，提高技能。引导学生利用彩旗组合各种图案练习跳高。
（1）提示动作重难点，完善技术动作。
（2）指导小组合作练习，注意安全保护措施。随时观察垫子的排放情况，提示学生注意安全。</td><td>6. 利用彩旗创意图案进行跳高练习。要求是态度认真、动作协调；助跑有节奏、轻松自然，踏跳有力，助跑和起跳有机结合。</td><td>6′</td><td></td></tr>
<tr><td>愉悦身心</td><td>游戏：龙腾虎跃（播放音乐：加油歌）。
游戏方法：各队组成两路站在线后，排头两人用手拉住彩旗，听到起跑口令后快速启动绕过标志物返回，将彩旗依次从其他组员的脚下穿行至队尾，再从所有人员的头上返回排头将彩旗交至新排头手里返回队尾排队，游戏按此继续，直至所有人均完成。
游戏规则：彩旗依次从其他组员的脚下穿行的高度要适宜，不准故意提高彩旗的高度。</td><td>1. 观察挂图，讲解示范游戏方法和规则，指导示范。
2. 教师发令，开始游戏。
3. 小结评价。</td><td>1. 认真观察挂图，听教师讲解、示范，正确理解游戏内容方法和规则及要求。
2. 男女生各分为两组，小组内自由组合并尝试练习。
3 认真比赛，团结合作，注意安全。</td><td>8′</td><td>下</td></tr>
</table>

续表

<table>
<tr><td rowspan="2">教学过程</td><td rowspan="2">课的内容</td><td rowspan="2">教师活动</td><td rowspan="2">学生活动</td><td colspan="2">运动负荷</td></tr>
<tr><td>时间</td><td>强度</td></tr>
<tr><td>调整放松</td><td>放松活动：
音乐：《幸福拍手歌》
小结。
下课。</td><td>1. 教师引导学生一起放松。
2. 引导学生谈学习收获。
3. 教师小结，指出本课优点与不足。
4. 安排学生归还器材。
5. 师生相互致意，宣布下课。</td><td>1. 集体做放松动作。
2. 交流体会、分享喜悦。
3. 体育委员将队伍有秩序带回。</td><td>3′</td><td></td></tr>
<tr><td colspan="2">运动密度：70%~75%，
练习密度：50%~60%</td><td colspan="2">平均心率：140~150 次 / 分</td><td colspan="2">心理负荷：中</td></tr>
<tr><td>场地器材</td><td colspan="2">彩旗 40 面 跳高垫 8 块</td><td colspan="3" rowspan="2">负荷曲线预计：
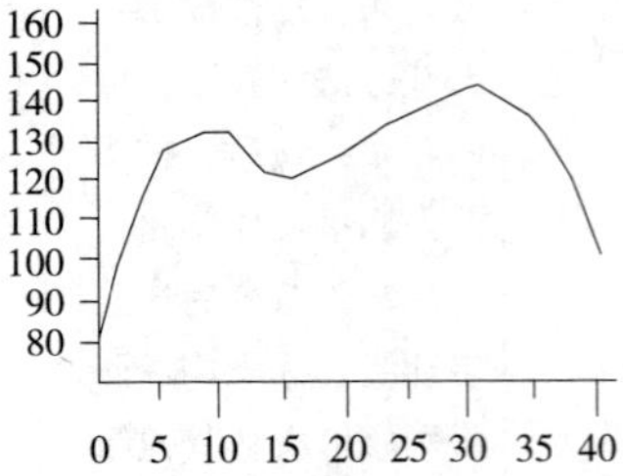</td></tr>
<tr><td>教学反思</td><td colspan="2"></td></tr>
</table>

五、体育课“把时间还给学生”

体育课堂的练习过程是学生“知、情、意、行”核心素养提升的过程。教学中，应该在有限的课堂练习时间内掌握知识，在保证练习密度的前提下提高学生运动技能和运动水平，凸显学生的主体地位，从而有效地促进学生运动技能的掌握与身体素质的提升。

（一）课堂教学中浪费时间的教学行为表现

表 2-5　课堂上浪费时间的教学行为

呈现形式	具体表现
敬业意识	教师敬业意识不强，不认真备课和上课
练习组织	队形调动频繁，练习时间减少
语言表达	讲解过多，语言重复，担心学生不明白动作要领
突发事件	应急预案缺失，面对课上突发事件处理方式不当
环节设计	内容设计复杂，教学步骤烦琐，练习次数和练习数量不适宜
展示汇报	教师示范多，学生展示多
练习形式	分组不科学，练习不合理
观微课程	教师制作微视频时间过长，不能合理控制观看时间和次数

（二）体育课“把时间还给学生”的教学策略

1. 敬业精神是关键

教师要静下心来认真研读教材、了解学情，掌握学生的年龄特点和运动基础，仔细分析教学内容的重难点，制定合理的教学组织方式和练习形式，科学有效达成教学目标，这也是“把时间还给学生”的基础和关键环节。尊重学生，尊重差异，精准示范，以优生带后进生，全员参与，有效教学引导，课前充分预设准备，找准难点，逐个突破，从而把课堂还给学生，把时间还给学生。叶澜教授指出：“在教学过程中强调课堂的动态生成，但并不主张教师和学生在课堂上信马由缰式地展开学习，而是要求教师有教学方案的设计。”如果没有教学预设的课堂必定是无法实施有效教学的。“要把时间还给孩子，教师要重备课、明教法、重主导、清流程、精语言、少调动、多练习。”因此，教师在课前要从当前学生的身心特点和体育需要出发，突出学生这个主体，从学生的发展来设计教学，认真备课和预设。

2. 组织练习要合理

体育教学中，组织形式多变性往往致使练习时间减少，练习队形的变化、练习位置的移动等无形中消磨了课堂有限的练习时间。一是精讲多练，可利用儿歌、口诀等讲解技术要求；二是精确时间，精心计算每个教学环节的时间，根据课的内容难度和学生身心特点以及知识掌握能力，合理分配出教师教的时间和学生学的时间。如新授课和动作要领较复杂的内容，可适当增加教师教的时间，复习课或动作技术较为简单的教学内容，可适当增加学生的练习时间。在教学中，个别学生在练习中出现错误动作时，教师应加强对个别学生的指导，给予适当及时的提示或个别纠错，这样做既进行了个别对待，也不会减少其他学生的练习时间，而且对提高整体的练习质量来说效果会更佳。

3. 语言表达要准确

体育教师在语言表达方面相对于其他学科来说是一个弱项，很多时候教师语言重复，其本质是担心学生不明白动作要领。这就要求我们上课之前一定要做到预设课堂语言，讲什么？怎么讲？讲几次？讲多长时间？讲好重难点，讲好易错点。做到心中有数，避免讲解过多，造成无谓的时间浪费。体育教师尽量精讲多练、尽量少调动学生队伍，让学生有充足的时间去练习，从而提高练习的密度。课堂上能不讲的最好不讲，能少讲的尽可能少讲，少用话语打断学生的练习，可以在学生练习时、遇到问题时，对于出现的问题及时提示，而不是集中讲解，这样可以多给学生练习的时间。

4. 突发事件巧处理

课堂应急预案的缺失，突发事件处理不当是浪费时间的重要因素，需要教师从容面对、及时化解。例如，学生在课堂上打闹、不守纪律时，教师无法正常进行教学，因批评教育“耽误”学生的学练时间。面对课堂的突发事件，教师要在不影响其他学生练习的情况下，学会巧妙地化解，变不利为有利，成为学生练习的动力，做到知识技能、方法过程和情感态度价值观教育的和谐统一，这其实也是“延长了学生的练习时间”。

5. 环节设计重实用

教师设计的练习要循序渐进，易于操作，不符合学生的实际，往往会流于形式，浪费学生时间。因此，内容设计要合理，教学步骤简单易行，保证学生的练习次数和练习数量，在“精”上做文章。如双手胸前传接球练习时，可以采用两人、三人、四人、五人，“W”形、“Z”形，利用呼啦圈等器材双手胸前传接球的练习形式，但是要根据学情，灵活、有选择性的一节课择其 3~4 项练习形式即可，保证练习时间和练习质量，及时纠正学生的错误动作，不可走马观花，捡了芝麻丢了西瓜。

6. 展示汇报重效果

一方面，当学生通过自主学习、合作学习后，教师要对学习动作及时示范，帮助学生形成更加直观、正确的动作定型，动作示范做到有针对性和目的性，让全体学生观察到，教师进行示范的时候动作要到位，不要拖泥带水，讲解到位，和学生一起动起来。边做边指导教学，切忌多遍示范浪费时间。另一方面，学生展示汇报时，教师要控制好展示的时间，及时进行激励性评价，激发学生的团队意识和创新精神。教师要让学生知道学到什么程度以及学到了什么，学生只有知道了自己学什么或学到了什么程度，才会有意识地主动参与。此外，学生展示的时候要快、点评要及时，不仅展示正确的动作，同时也要顾及差生的动作。

7. 练习形式要科学

如投掷项目练习，一组练完去捡器材，下一组再投，练习密度过低。可以四组对着四个方向同时练习。如果场地实在有限，那么就考虑多准备点器材，投掷两次捡一次器材，也能相对地增加练习时间。因此，场地的安排应集中，减少因场地转换而带来不必要的队形调动，浪费学生练习的时间。

8. 观赏微课有分寸

伴随科技的发展，云时代和大数据越来越走近教育教学，信息技术和教育教学的深度融合更加广泛，体育微视频资源很直观形象地帮助学生学习体育知识，对学生掌握体育项目的要领、路线、方向等起到很好的辅助效果。但是，在教学中我们也发现有的教师制作微视频时间过长，上课时不能合理控制学生观看时间和次数，忽视了教师的示范与讲解，忽视了学生对练习内容的次数和质量，学生课堂上有效时间得不到保证。因此，在体育课上，观看微视频的次数不要超过2次，做到会的不看、懂的不看、简单的不看，让学生在练习中提高技能，掌握要领。

（原文刊发于《中国学校体育》2017年第5期）

第四节　重视多元评价，助力茁壮成长

体育教学评价是体育教学必不可少的组成部分。体育学习评价，是依据一定的评价标准，运用科学的评价方法，对于学生在体育学习中的表现和完成学习目标的程度进行的一系列评价。体育评价不仅能够促进学生的自主学习能力，还能提升学生的学习效果，在一定程度上也可以提高体育教学水平，进而促进学生的健康成长。多元化教学评价不仅是对评价对象和主体的认识过程，更是激励、导向过程，帮助学生“学会学习、学会发现、学会动作、学会技能、学会合作、学会反思、学会思考和学会解决问题”，循序渐进掌握运动方法，提高运动能力，增强合作意识。

一、体育教学中批评教育的艺术

批评教育是体育教学与训练督促学生改正自身缺点，树立正确的人生观和价值观的必要条件之一。恰当的、善意的、鼓励性的批评教育不仅能使学生掌握体育知识、提高体育技能，促进综合素质的发展也会使体育教师的教育教学水平和人格魅力及教育智慧“光彩夺目”；而不适宜的批评教育效果会适得其反。体育学科如何根据学科特点，使批评教育的效果最优化？

（一）以身作则，批评更具向师性

“学高为师，身正为范。”如果体育教师的上课服装不规范，经常迟到，酒后上课，接打手机，甚至经常“卖”课……这样的形象，能让学生折服吗？如果批评犯错的学生，很可能引起对立的局面。体育教师如能以身作则，批评教育学生就会具有潜移默化的效应。

“正人者，先正己。”只有体育教师先给学生树立良好的榜样，才能有资格去批评说服学生。但有许多教师平时就不注意这一点，学生在教师的强压下表面听话了，不敢反驳，但是心里并不服气，“怨气重重”，极易产生负面影响。因此，体育教师要不断反省自我、完善自我、提升自我，增强学生的“向师性”。在体育教学中不要人为地制定双重标准，即对学生要求是一面，对自己却是另一面，这应是批评教育学生的前提。

（二）关爱之情，批评更具教育性

批评教育学生时，体育教师要满怀关爱之情。现实中，不少同行抱怨：“我是发自内心地为学生好，但学生往往不领情。”其实，这是没有真正了解学生究竟在想什么，没有弄清不同学生的表现和表达方式说明了什么。所以体育教师应做到：一要与学生多交流，走进他们的内心世界，倾听他们心声；二要让每一位学生都能感受到教师真诚的关心、善意的批评；三要理解、鼓励和爱护学生，始终保持一颗炙热爱心对待学生，以情感人，以情动人，使批评教育发挥最大的效果。

（三）把握心理，批评更具积极性

在体育教学过程中，我们面对的是不同年龄段活生生的个体，他们犯错误的表现、根源、频度、轻重、影响力都各有特点，教师熟练掌握体育心理学知识，在批评教育学生时能达到事半功倍的效果。如，中学阶段，青少年时期处于人生的过渡阶段，逐渐由不成熟向成熟过渡、由不定型向定型过渡，容易产生“叛逆心理”。因此，体育教师必须充分认识体育心理学在批评教育学生中的重要性，并针对学生的心理特点进行心理调适，帮助和引导学生健康成长。第一，批评教育学生前，体育教师首先要了解青少年的心理特点，遵循其生理、心理成长的规律。第二，教师有爱心的同时更应具有一颗童心，对于学生的好奇心应适当给他们提供探索实践的机会，不要以“过来人”的身份告诫他们。第三，教师要与学生平等相处，避免用命令、训斥的口气，粗暴和强制的方法“管”教他们，要真诚地做学生的知心朋友。特别是当他们提出一些要求、见解时，不要搪塞了事。苏霍姆林斯基曾说过：“教育者应当深刻了解正在成长的人的心灵。我坚信只有在自己整个的教育生涯中不断地研究心理学，加深自己的心理学知识，他才能够成为教育工作的真正的能手。”所以，我们在教学、训练之余应多看一些关于教育心理学方面的书籍。

（四）合理处理，批评更具实效性

室外体育课，受影响的因素多，学生易犯错误。体育教师要加强自控能力，掌握一定的批评艺术是很有必要的，这样会收到意想不到的教学效果。由于职业特点，多数体育教师是“胆汁型”教师，在处理犯错误的学生时喜欢“权威性”，批评学生常用“刚性”的方法，达不到预期教育的效果。因此，教师在批评学生过程中要注意平心静气，不可一触即发；要语言中肯，不可轻浮浅薄；要先倾听后发言；先自知后知生。

教师批评学生是一门艺术，在遵循一定的教育教学原则的基础上要树立正确的“批评观”。在批评教育学生时我们可以采用以下方法：

第一，循序渐进，委婉迂回。如，批评学生前，要先了解学生犯错误的原因，然后根据学生的个性特点，采用迂回委婉、旁敲侧击的方式批评学生，使犯错学生既能铭记老师的教诲又能不伤自尊。如，课堂上有些学生“爱出风头”，经常打断老师的讲解和示范，老师可劝其：“爱问，好动，积极性高是你的优点，希望你在发挥你的优点的同时，多关注同学的感受，你会更优秀，变得更聪明，老师相信你一定做得到。”教师的和风细语帮助其改正自身的缺点。

第二，表扬先进，树立榜样。榜样的力量是无限的。体育教师经常采用身边的典范或体育界名人来指导学生，形成适当的压力氛围，促使学生自我批评教育不断进步。如，中学的毕业班女生总有一部分不愿参加体育课，我就给她们说上届优秀毕业女生是如何重视体育锻炼，中考体育测试如何取得优异成绩等，说完后多数学生都逐渐认识到自己的错误做法，并自觉投入体育课活动中来。多年来，我深信身边的榜样具有更大的说服力，应多用之。

第三，坚决果断，灵活多样。与其他学科不同，体育课上，学生的违纪行为很容易造成人身伤害。如，课堂上学生“哄抢”体育器材现象，教师可以鸣哨“警示”；做准备活动，出现队形不整、打闹不良现象时，教师应立刻停止活动，采用短暂的“静”状态，使学生认识到错误的严重性，收敛不当行为。因此，体育教学中在批评处理学生的一些突发违纪现象时，态度要果断，方法要多样。

第四，预防为主，防患未然。根据体育学科的特点，教师要预设课堂中学生会出现的违规现象，制定相应的预防解决方法。俗话说“凡事预则立，不预则废”。学期前、课前宣布体育课堂纪律，违纪惩罚措施是很有必要的。体育教师提前根据课堂特点和学生不同年龄段可能出现的违纪现象，制定相互遵守、相互监督的班规班纪，让学生事先知道上课有章可循，论之有理，批之有据，这样不仅起到警示作用，又能使违纪学生欣然接受惩罚，改正错误。

第五，区别对待，因人而异。首先，批评学生要根据性别、年龄、错误性质等加以区别，然后再采取不同方式。如，对男生多采用严厉的硬性方式，对女生多采用说服的软性措施；低龄学生多采用说服引导，中学生多种方式并用。其次，学生的品行问题要严肃对待，多做工作，非品行问题可以不需要太多的劝导和太多的时间，甚至不需要批评，只要指出行为的后果就行。如，把排球当足球踢；篮球练习场上打架等，有可能发生安全事故等非品质性错误。因此，关于体罚我们要有一个客观公正的认识，有时适度的体罚是最直接有效的手段。

第六，跟进指导，注重效果。批评教育学生的根本目的，一方面，是促使学生认识到自身的错误，积极改正；另一方面，对于教师自身专业素质的提升也具有非常重要的意义。因此，体育教师要做好批评教育后的跟踪督察，细心观察学生的心理活动及行为表现，及时与学生交流谈心，并做好记录，对症下药。发现问题及时解决，教师可单独帮助学生解决问题，也可寻求班主任、其他学科教师和家长的协助，在团队中积极探寻批评教育学生的最佳方法。

二、深化学业评价，促进健康成长

《基础教育课程改革纲要（试行）》指出：要建立促进学生全面发展的评价体系，评价不仅要关注学生的学业成绩，而且要发现和发展学生多方面的潜质，了解学生发展中的需求，帮助学生认识自我、建立自信。评价水平的高低关系到整个教学目标能否完成、课堂是否融洽。新课程理念强调学生的自评和互评，但体育教师对学生的评价也非常重要。

（一）评而有道

教师的责任心是有效学业评价的重要保障。教师要端正工作态度，公平地对待每一位学生，学业评价是激励学生学习的一把双刃剑，用好了促进教学，反之影响学生学习的积极性。教师的敬业精神会直接影响学生学习评价的真实有效性，教师的责任心、事业心可以培养学生学习体育的兴趣。因此，学业评价前教师要深入调查了解学生的基本情况和知识掌握等信息，做到有的放矢；学业评价过程中，教师要做到公正、公平、公开，让学业评价结果在学生心中一清二楚，做到实事求是；学业评价后，教师要及时帮助学生分析学业成绩的高与低、强与弱、利与弊，教师要善于发现和挖掘学生潜力，调动学生学习兴趣，使他们时时看到自己的点滴进步，认识到积极参与提高的过程比结果更重要，使学生产生强烈的学习欲望。可以看出，在学业评价中，有道者生爱戴，有道者评易行，有道者事竟成。

（二）评而有利

有效的学业评价，不仅使学生了解自己的学业状况，树立正确的合作精神与竞争意识，而且有利于教师发现学生学习中存在的不足，并根据具体情况及时调整教学计划、合理安排教学内容，发挥评价的育人功能。首先，学业评价要有助于激励学生的进取心、提高学练兴趣。学业评价注重对学生的情感体验、运动能力等方面的综合评价，让不同运动能力的学生通过自己的努力都能获得进步和提高，享受成功的快乐。其次，学业评价要有助于学生养成自觉锻炼的习惯，培养终身体育的意识。再次，学业评价要有助于提高学生合作交流能力。作为评价的一种形式，生与生之间的互动交流，极大地推动了学生的交往能力，增强学生学习信心。最后，学业评价要有助于教师充分掌握学生学习情况。通过学业评价，教师可以及时全面地了解学生综合素质的发展水平，提高学生自我认识能力，为教师确定学生的发展目标和有针对性地教育学生提供了参考信息。

（三）评而有法

体育学业评价要做到情感与能力并重，知识与技能并重，过程与结果并重，使学生从学业评价中获得成功的体验，逐渐形成健康的情感态度与正确的价值观。

1. 体育学业评价与知识技能相结合

体育与健康课程学习成绩评定的方法应该有所差异。建议一二年级采用评语制，三年级至高中三年级采用等级评定制，或等级评定与评语式相结合。在体育教学中应该从五个方面进行学业评定：第一，体能，与不同学习水平相关的体能项目；第二，运动参与，主要从学生体育参与的状况、学习兴趣及课堂内外的表现等方面进行评价；第三，体育知识与能力，主要对学生学习体育理论知识、科学锻炼身体的方法、体育技战术知识运用能力、有关健康知识的掌握和运用等进行评价；第四，合作与创造，主要对学生学习过程中的组织能力、创造能力、合作意识等方面进行评价；第五，成长档案袋，主要记载学生的课堂表现、学习态度行为变化、锻炼习惯、运动技能的发展、学生参赛过程中的“成果与亮点”，全面如实地反映学生的成长过程。

2. 体育学业评价与学情相结合

第一，教师要尊重、关注、爱护学生，树立“以人为本”的评价理念。对于表现不好的学生进行学业评价时，切忌伤害自尊心、自信心。第二，教师要观察学生的表现。教学中有目的、有计划地观察学生在学练中表现出来的情感态度、行为表现能力，并记录下来，作为对学生进行引导和评价的客观依据。第三，制订明确、简要的促进学生发展的改进计划，帮助学生认识自我、树立自信心。

3. 体育学业评价的全方位与多元化相结合

教师要树立对学生终生发展负责的评价意识，采取多样化的评价方式，促进学生有效发展，以期更好地发挥学业评价的激励功能。第一，师评、自评、他评相结合。对学生进行多元评价，让学生家长参与进来。评价以组为准，评小组分；以男、女生为准，评男、女生分；以单个人评价为准，评个人分，以一个学生的成绩代表全部学生，要做到公平。因此，学业评价不能只注重教师的评价，要适时让学生、家长主动参与进来。教师要鼓励学生个人和小组进行自我评价和合作评价，促使学生对自己的学习过程进行回顾与反思，自觉能动地调控学习过程。第二，过程评价、阶段评价与结果评价相结合。如，巧妙地运用“星星奖卡”激励机制对学生进行多方面考查，起到间接的激励作用。第三，关注个体差异，灵活运用多元化评价方式。教师评价的项目要根据学生的个体差异，灵活设置，以此达到均衡学生的测试水平的目的。使不同运动能力的学生都能在测试中有自己擅长的项目可以选择，并通过自己的努力在评价水平上真实地反映出学习成果。采用“借分制”，先借后还，鼓励学生在后续的学习中努力进取而达到预期教学目的。所以，教师对学生的学业成绩进行评价时，要做到因材施教，对症下药，不同学生要采用不同的评价标准，并根据学生的实际特点灵活设置多样的评价内容，给不同素质能力的学生留有选择的空间，从而确保每名学生学有所得、评有所获。

新课程改革强调："改变课程过于强调甄别与选拔的功能，发挥评价促进学生发展、教师提高和改进教学实践的功能。"因此，教学中教师要不断思考、创新，营造和谐的教学氛围，在体育学业评价中，既要从本学科的特点出发，又要把握素质教育的总方向；既要显示出学业评价的真实性，又要体现出学业评价的教育性；既要体现出学业评价的客观公正，又要促进学生综合素质的和谐发展。我们坚信，只要全体体育工作者同心协力、勇于探索，体育学业评价将会更科学、更规范、更有效！

（原文刊发于《中国学校体育》2010 年第 2 期）

三、重视课后总结，提升教研水平

《义务教育体育与健康课程标准（2022 年版）》指出，要重视总结教学实践中的成功经验和存在的问题，形成"发现问题—明确课题—实验研究—解决问题—专业提升"的研究路径。体育课后总结是教师对所授课的教学目标、教学内容、教学过程、教学方法、学法指导、组织形式、练习情况等课堂整体的考量过程，是"实践、认识、再实践、再认识"的思维过程，不断提升教师教研能力和水平，促进自身专业发展。

（一）整堂回顾，情景再现——"铭心的教学片段"

情景再现可以真实地记录体育课堂某一环节的精彩或遗憾。教师正确及时的引导、学生小组合作的智慧、师生思想碰撞的火花等，这些都是体育教学现场情景再现的素材来源，真实再现师生的情感交流和教育智慧，为课堂教学积累财富。

1. 佳处回放。将体育教学、训练的得法之处、课堂互动的动态生成以及教学情景的创设、教学方法运用精彩瞬间等记录下来。如，中年级耐久跑教学，以前单纯让学生在 200 米跑道上跑五至六圈，学生没有兴趣，教学效果也差。上课时，一名学生带着小风车奔跑，两名同学在后面追赶，跑得不亦乐乎，追得忘记了长跑的劳累。有了这个发现后，让学生自制风车进行接力比赛，学生练习热情高涨，课堂气氛也十分活跃。佳处回放改变了传统教学方式，突出了学生主体地位，激发了学生学习兴趣，使学生真正成为课堂的主人，学生的耐力素质在不知不觉中快速提高。

2. 败笔回顾。体育课堂教学中的“败笔”是指教师授课不得法或引导、点拨不到位，教学重难点无法有效解决，达不到预期的教学效果。分析造成“败笔”的原因，回顾课堂的教学环节——是错误地估计了学生的实际水平，还是教学设计不切实际？溯根求源，找到症结所在，而后对症下药，将安排不妥的教学内容、练习手段疏漏之处记录下来，吸取教训，弥补不足，达到“败笔之后”的“妙笔生花”。

3. 灵光闪现。在课堂教学中，师生思维发展及情感交流融洽，往往会因一些偶发事件而产生瞬间灵感，撞击出“智慧火花”。这些灵感常常不由自主、突然而至，应该及时捕捉。第一，意外的收获往往来自对课堂意外事件的处理：面对学生异想天开的“发问”，教师如何应对；面对学生的歪答，教师如何引导等。第二，意外的收获往往来自学生思维火花的捕捉：学生发现问题的独特渠道；提出问题的独特途径；分析问题的独特思路；解决问题的独特见解等，记录下来，以后就是丰富教学的“资源仓库”，集跬步至千里，众多的“灵光”是我们体育课堂中源源不断的教学资源。

（二）作业反馈，问题反思——“及时的教学信息”

实践证明，学生对教师体育课上所授知识、技能的接受，除了能从课堂上的组织练习、技术掌握上得以反映，还可以从学生的课下练习作业中体现出来。同理，课下完成体育作业质量的高低，不仅可以看出学生对所学体育知识技能的掌握程度，也能反映出体育教师授课质量的优劣。因此，教师注意安排体育委员或小组长，收集学生课下完成体育作业的情况并进行总结，可为完善课堂教学提供依据。当然，最直接有效的方式是由体育教师本人进行作业检查，清晰明了，为改进课堂教学提供最直接、最客观的有效数据。

（三）体味反思，再教设想——“开阔的教学思路”

一节课下来，需要静心沉思：教学组织、练习方面有何新招；教法、学法指导有哪些独到见解和创新；教学重难点点拨引导是否恰到好处；器材使用是否恰当巧妙；场地布置是否合理；练习密度是否适宜；探索出哪些教学规律等。及时记下这些得失，然后细心考虑再教这部分内容时应该如何做，撰写“再教设计”，为下次课的教学精心准备。这样可以做到扬长避短、精益求精，把自己的教学水平提高到一个新的境界和高度。

（四）二次授课，再次提升——“成功的教学典范”

上平行班的体育课，可以把第一次授课时发现的问题或瞬间的灵感认真记录下来，修改完善；第二次授课，认真体验教学改良后所产生的教学效果，从而加深对教学的理解与感悟，对比分析两次课所带来的不同的教学效果的成因，进行总结，结合具体情况和在课堂上的亲身体验，再一次进行教学设计。再次授课，使课堂教学趋向完善，享受成功课堂乐趣。

（五）结合实际，教案修改——“优秀的教学设计”

认真备课，课后及时小结，目的是提高授课艺术和课堂教学质量。一项教学内容结束后，在分析、反思、总结体育课的基础上及时修正教案，进行取舍和补充，精雕细琢，使教案更加符合教材和学生实际，让学生更容易接受，整理出其他老师可借鉴、有启迪的教学设计，达到教师之间互助探究、教学资源共享、专业素质共同提高的目的。

（六）求实求真，感悟反思——“真实的教学体会”

实，即实事求是，体育课后总结不写大话、套话、空话，切实把课后总结当作一种提升课堂效率的内驱力，当作教学后的一种自身发展资源的实际需求；真，即真真切切，真情实感，注重课后反思的有效性和务实性。感悟反思，一悟教学任务是否完成，反思教学目的是否达到；二悟是否完成教案中计划的教学内容，反思是否突出重点，突破和解决难点；三悟课堂教学组织是否严密紧凑，反思教学内容、时间安排、练习密度是否恰当合理；四悟教学方式、方法是否灵活多样，反思是否正确地运用了教学方法；五悟学法指导是否到位，反思是否激发学生的学习兴趣，调动学生的学习积极性，反思是否体现因材施教、关注个体差异；六悟教学互动是否良好，反思是否师生双方都充分发挥主导、主体作用。基于以上感悟反思，如果教师本人在课堂教学实施某一方面认为有瑕疵或困惑的地方，那么，就应找出问题原因，提出改进措施，撰写教学体会，从主观上努力克服课的不足，以创新的精神去有效总结。这样我们提出问题、分析问题才能高屋建瓴、言之有据，才会从体育课堂中找出有价值、有深度的知识，我们的专业素质才会更上层楼。

（七）资源开发，课题研究——“丰硕的教学成果”

体育课后有效总结是课程资源开发的原动力，也是开展教科研的铺路石。如，体育技能学习时，教师再怎么讲，做的示范再优美，有的学生就是“丈二和尚——摸不着头脑”，但是学生之间互相帮助，悟性欠缺的学生往往很快就能掌握动作要领，这一现象说明学生之间的交流是有效“溶解”知识、技能的催化剂，课下一定要记录下来，并进行有效总结，并且联系教学实际开展以学生合作探究学习为主的课题研究。再如，发现有学生拿着编织袋在玩袋鼠跳的游戏，启发出利用废弃的编织袋代替实心球、排球、跳高垫等体育器材来进行教学，弥补体育器材的不足，创造一物多用的多功能编织袋，解决体育器材匮乏的问题。

总之，体育课后有效的总结是积累教学经验、认识教学规律、拓宽教学思路、提高教学水平和教学质量的有效途径。体育课堂教学的成效有赖于我们广大体育教师的不断总结与落实。做体育课堂的有心人，搞好课后总结、反思与落实的工作，以结促思，以思促教，以教促研，以研带教，周而复始，持之以恒，对体育教师专业素质的提升必将有“聚沙成塔、跬步千里”的收效。

第五节　牢记安全使命，重视安全教育

体育课作为素质教育的重要组成部分，担负着培养学生健全人格和健康体魄的职责，培养学生养成良好的锻炼习惯，为终身体育奠定基础。目前，中小学存在活动场地小、上课班级多、体育器材设施陈旧、组织不细致以及缺乏相应的保护措施等因素，造成体育课的安全隐患。体育教学中活动是载体，通过活动，学生得到了锻炼，才有发展和提高，才能使我们的教学任务得以落实。因此，安全问题不可避免，绝大多数体育教师在他们的教学实践活动中，都曾发生过安全问题，自己都记忆犹新。因此，安全是我们体育教学活动中不能回避的问题，不能刻意隐瞒，而应该积极面对，不断地去思考如何落实、完善好各项安全措施，使我们的课堂教学更安全。

一、规范行为，预防伤害事故

体育课是学生最喜欢的一门课程，但体育作为一种激烈、对抗性强、极具竞争色彩的竞技活动，难免会出现种种意外。备课不充分、教学不规范、组织不严密、措施不恰当等，都是伤害事故发生的重要因素。

（一）提高认识，精心备课是有效预防体育课伤害事故的前提条件

1.“身心始终在课堂”是有效预防体育课伤害事故的第一要务

夏日炎炎、北风呼啸，这是体育课堂别具一格的“风景线”，也就让“放羊式教学法”逐渐滋生和蔓延。体育课堂上，教师要守好位、站好岗、行其事、尽其责，避免学生在失去教师监管的情况下进行体育活动，这是

体育教师应该具备的师德素质，也是教师做到精密组织课堂，有效预防体育课伤害事故的先决条件。

2. 备好课是上好课的前提，是有效预防体育课伤害事故的必要手段

在体育教学中，课前不做好充分的准备，课堂必然会存在伤害事故的隐患，如，教师没有认真分析学生生理、心理发展和认知水平；过高估计学生运动能力；选择不符合学生运动水平的教材；对教学内容缺乏合理安排等，所以，备课过程中我们不仅仅从教学目标要求、教学内容搭配、知识技能传授等方面去思考，还要从学生体质状况、教学方法的运用、学习方法的指导、保护与帮助、运动负荷、气候、场地设备等因素去全盘考虑，精备、细备、实备，从小处着眼，从细节入手，把体育课堂中客观因素中对学生身心“可能”“或许”存在的伤害隐患“拒之门外”，做到防患于未然，避免或降低伤害事故发生的概率。

（二）牢记常规、严明纪律是有效预防体育课伤害事故的重要保障

1. 学生上体育课身着运动装备是有效预防体育课伤害事故的“安全带”

在体育课的开始阶段，教师要把认真检查学生的服装这一教学常规落到实处，教育学生上体育课时，养成穿运动服、运动鞋的好习惯，体育教师自身更要以身作则，为伤害事故的发生扫除第一道障碍。

2. 良好的课堂纪律是有效预防体育课伤害事故的重要条件

课堂上，学生不遵守纪律、嬉戏打闹、任性蛮干、兴奋过头、自制力差、爱逞能、争强好胜，这些都是安全隐患。“无规矩不成方圆”，教师有效维持好课堂纪律是非常重要的，纠正不良习惯时要做到严而有格、严而有度，使学生养成上课要听指挥、守纪律、懂事理、辨是非的良好习惯，纪律化、自动化、程序化，从而保证体育课安全、有序地进行，避免发生伤害事故。

（三）精密组织、措施得力是有效预防体育课伤害事故的“法宝”

1. 科学合理的组织管理是防止伤害事故的重要手段

教学中，课堂管理组织松散，导致学生肆意妄为，这是一种不良现象，一种教育意识淡薄、缺失教育艺术的不合理的“放纵与纵容”。根据教学内容、教学任务的不同要求，变换练习队形在体育课中是经常出现的。因此，上课时教师的组织方法、练习手段要充分考虑学情、内容、场地、器材等，科学设计、合理布置、统筹安排，避免形式主义、教条主义、经验主义，避免运动损伤现象的发生。

2. 严格的防范措施是防止伤害事故的“安全阀”

麻痹大意是导致运动伤害发生的重要因素。体育课上，教师如果只是注重教、学、练，而忽视有针对性的保护、帮助的方法、安全问题等，这是一种不完善的课堂。在教学和训练中，教师的讲解应清晰、明确，示范动作要规范，难点动作要讲清要领，反复强调，该统一口令必须统一进行，并且做好保护与帮助工作，教给学生自我保护的方法，增强学生练习自信心、安全感，防止伤害事故的发生。

（四）处理好运动技能形成与能力提高的关系是有效预防体育课伤害事故的关键

体育教学既是向学生传授知识技能的过程，同时也是学生运动能力形成与发展的过程。实践证明，违背体育教学的认识事物规律、运动技能形成规律、人体机能适应性规律及人体生理机能活动能力变化的规律，教学效果会适得其反，教师要根据学生的体能、技能、心理特征、身体状况、形态来定，做到关注差异、关爱学生。教学中，教师的教与学生的练要把握好“度”，遵循因材施教、量力而行、科学锻炼的原则，符合运动技能形成规律，切不可拔苗助长，造成伤害事故。

（原文刊发于《运动》2012年第5期）

二、加强沟通，减少师生冲突

教育是一种心灵的唤醒，只有唤醒学生埋藏在心底的良知，才能减少师生冲突事件的发生，促进学生快速成长和发展。

（一）提高教师自身素养，开启学生心门

身正为范是避免师生冲突的前提。从师生冲突成因分析，教师的主观因素对冲突发生有决定性作用，有的教师教法呆板、不尊重学生、意气用事、坚守师道权威，这些都会成为师生冲突、引起矛盾、发生对抗的燃点。教师作为课堂的参与者、组织者、领导者，应加强学习意识与研究意识，严于律己，不断修正自己的不良习惯与不良嗜好，增强自身人格魅力。

（二）全面了解学生，走进学生心灵

教师要全面了解自己的学生，了解他们的家庭情况，了解他们的需求，了解他们对教师的要求，并善于从学生的角度去理解他们的思想、情感及对客观事物的态度。学生因年龄、认知态度、环境因素、价值观的不同而存在个体差异是正常的。相对来说，在各种体育项目练习的初级阶段，由于知识的新鲜度，学生会认真对待，师生间、生生间会积极协作。但在运动技能的巩固期，由于场地的局限、器材的不足、活动的组织、同伴间的协调配合等因素，不可避免地会出现师生、生生间的小摩擦，甚至有可能演变成“不和谐”的冲突事件。这就要求教师要尊重学生，设身处地为学生着想，站在学生的位置思考问题。当学生的行为和意识没有达到教师的期望时，要找原因，找根源，切实解决问题，时时处处关心学生。当然，这并非说他们的缺点不可以批评，严与爱结合，教与育同行，从爱护学生的角度出发，不要让批评成为师生冲突的导火索。

（三）发挥教育机智，唤醒迷途学生

教学中，要小聪明、爱表现自己、自控力较差等性格特点，往往会使学生出现粗暴、顶撞、无理取闹等行为。教师要善于将课堂意外转化为有效的教学资源，因势利导，冷静处理，运用教育机智，用幽默的言语化解双方矛盾，消除影响教学的不利因素，巧用各种教育契机使教学工作有序开展。如确实需要课堂调节，也要注意实事求是，说话有度，判断得当，方式适宜，以最小的代价取得最佳的教育效果。如篮球课单手肩上投篮纠正错误时，A 同学不集合，还在自顾自地地投篮，老师喊几声，他都不理睬，教师就拿篮球砸向了学生。教师的不理智使之失去了教育学生的最佳时机。学生的“不听话、不顺从”有其错误的一面，这时教师完全可以理一下思路，换一种心态，淡定地说：“A 同学一定是要代替老师再给大家做一次投篮动作，大家观察一下他的动作哪里需要改进，A 同学一定要认真示范呀！”这样既让 A 学生认识到错误，也给其改错的机会。两种态度的处理，结果也是截然不同的。多一些鼓励，少一些火气；多一些智慧，少一些强制。对待不同的事件、不同的学生，采用机智的教育方法，用灵活多样的教育机智来唤醒学生自觉自主意识，有效避免师生冲突的产生与升级。

（四）加强师生沟通，启迪学生心灵

沟通是相互了解的窗口，是知识技能形成的纽带，是增强情感的最好方式，是构建和谐、理解型师生关系的基础。在学习技术动作时，面对学生求知若渴的目光、不厌其烦的追问、错误动作难以改进等，教师有时会急功近利，语言和行为出现过激现象。虽然教育的本意是好的，但是从学生的视角有时会难以接受，教育效果适得其反。因此，课堂上，教师要多给学生提问的机会和成长的空间，要注意观察学生在身心情绪、练习态度上的变化。通过练习间隙与学生坦诚交流，如聊一聊不遵守课堂纪律的危害、同学间要互尊互敬互爱等，同时，教师也要认真聆听学生的心语，启迪学生心灵，关心爱护学生、尊重理解学生、平等对待学生，在相互沟通中共同寻找问题产生的根源以及解决方案与策略。师生间情感联络及信息交流，是化解矛盾、增进理解，减少师生冲突的一剂良药。

（原文刊发于《山东教育》2012 年第 7、8 期合刊）

第三章 »

创新之道：我的课程我的创新

《义务教育体育与健康课程标准（2022 年版）》指出，鼓励各地各校结合师资队伍、场地器材、学生运动基础等实际情况，充分开发和利用体育与健康课程资源，提高课程教学质量，形成学校体育与健康课程特色，增强课程实施的成效。体育校本课程资源的开发是实施素质教育的载体，为提高学生的素质发挥着巨大的作用。如何让创新贯穿体育教学和体育活动始终？如何合理地开发适合本校特色的体育课程资源？如何培养学生的体育素养、创造精神，增强学生的体质？开发和利用各种教育资源，因地制宜、因时制宜，拓展体育教学的深度和广度，提高体育课堂教学效率，促进学生认知、情感、个性行为等全面、和谐、主动地发展尤为重要。

第一节　创新指导方法，提高运动能力

体育教师应充分发挥自己的主观能动性，创造性地开展体育与健康教学，有意识地调动学生、班主任、有体育特长的其他课程教师和学生家长的积极性，充分发挥他们的作用，促进他们参与教学指导、教学评价、课外体育活动、运动会以及督促学生参加校外体育锻炼等。按照教育部《中小学体育器材设施配备目录》的规定配齐体育设施和器材，大力开发和充分利用其他的体育设施和器材资源，遵循目的性、科学性、可行性、层次性、趣味性和文化性等原则，根据学生和学校的实际情况，对某些运动项目进行改造。同时，注意开发与利用民族民间传统体育活动项目和新兴运动项目等内容资源，充分利用课余时间，通过布置课外作业等方式，引导学生积极参与课外体育锻炼和健康实践活动，不断巩固与提高学生的体育与健康学习成果。

一、中小学开发和利用体育课程资源存在的问题及策略

《义务教育体育与健康课程标准（2022 年版）》指出，体育与健康课程资源是顺利实施体育与健康课程的重要保障。开发和利用体育课程资源的问题和策略有哪些?

（一）开发和利用体育课程资源的现实意义

1. 开发体育课程资源有利于提高体育教师专业化发展

体育教师在开发体育课程资源的过程中，不仅需要充实自己的体育课程理论知识，还需要对相关内容进行实践，在理论更新与实践验证的过程

中，教师的专业素养将不断得到提升。从另一个层面说，体育教师自身就是体育课程实施的首要的基本条件性资源。因此，重视发挥体育老师在资源开发过程中的主力军作用，从而促进体育教师的专业化发展。

2. 科学合理利用体育课程资源是开展体育教学的有效手段

开发的体育课程资源能吸引学生眼球，能有效激发学生的兴趣，将其纳入课堂教学中，丰富了课堂教学的内容，满足了不同学生的需求和兴趣爱好。

3. 开发和利用体育课程资源是阳光体育活动的重要保障

来源于生活的体育课程资源，往往是学生乐玩乐练的。如，竹竿舞、扭秧歌等。开发和利用体育课程资源不仅丰富了大课间和课外活动的内容，而且使学生在乐学、乐玩、乐练中提高身体素质和运动能力。因此，开发和利用体育课程资源是学生积极参加体育锻炼的有力保障。

（二）目前中小学校开发和利用体育课程资源存在的问题

1. 开发体育课程资源是专家的专利

一线体育教师在开发体育课程资源上具有得天独厚的优势，最了解学生的喜好，也更能在“创新—实践—应用—优化—再创新”往返循环过程中不断完善和提高体育课程资源的最大价值，并在教学中对开发的体育课程资源从学生的练习活动需求、身心健康、激发学生的兴趣，挖掘学生自主学习能力、激发学生的正能量、充分发挥学生主体作用等方面进行实践验证。

2. 不重实际，盲目开发

能否结合实际合理有效地开发体育课程资源关系到体育课程性质、目标的实现，制约着课程实施的质量。很多教师只是为开发而开发，让开发的体育课程资源徒有资源之名而无资源之实。

（三）有效开发和利用体育课程资源的策略

1. 开发与利用学校现有器材场地功能

根据学校和周边环境，合理规划、充分利用空地，使学生能进行安全、适宜的体育活动，“物尽其用”最大限度地提高场地器材使用率，使每一件设施都能起到尽可能大的作用。如在课余时间对学生开放体育场地，安装多向篮球架，因地制宜设计自然地形跑道，降低篮球架高度，降低排球网高度，缩小足球门，缩小足球、排球、篮球的场地等。

2. 开发与利用生活废弃物品的功能

如可以用两个矿泉水瓶中间连一根线来设计“双节棍”，进而创编双节棍操；还可以用装满沙子的矿泉水瓶变成手榴弹来练习投掷，也可作为游戏中的重物进行搬运；栏架可以用来跨栏、投射门、钻越的障碍等。只要多动脑筋就可以开发出常用器材的更多新功能。

3. 开发与利用废旧体育器材功能

如利用废旧羽毛球进行教学，可以设计为“小组自由玩羽毛球”“小组打靶投准比赛”“比谁投掷远”“羽毛球大战”等，集娱乐性和对抗性于一体，既激发了学生的参与体育活动的兴趣和对抗意识，又锻炼了学生的上肢力量和腰背力量。

4. 开发与利用体育器材的“一物多用、多物合用”功能，发挥器材功能效益的最大化

对器材的多功能开发和利用，是体育课程资源开发的一条途径。体育器材一般具有多种功能，要根据器材特点确定其多种用途。如体操棒不仅能在准备部分使用，如棒操，还能用于拔河，还可用于短跑教学的步幅练习等。

5. 开发制作简易体育器材

学校可以结合本校实际，制作简易器材，改善教学条件。如旧报纸玩法，“看谁本领大”（奔跑）、“抓尾巴”（反应）、“打雪球”（ 投掷）、“头顶

球”（顶球）等多种形式，一物多用，引导学生开动脑筋，动手制作简易道具进行多种多样的游戏活动，使学生在不知不觉中发展了速度、力量、灵敏等身体素质，又在有趣的气氛中体验到了运动带来的快乐。

（1）安全第一，避免伤害。教师要根据学生的不同年龄特点，制作体育器材或指导学生自己制作体育器材时，注重安全教育。如学生制作的小沙袋，重量必须符合不同年龄段学生的需求，过重容易对学生造成伤害，过轻起不到锻炼的效果。

（2）科学有效，遵循规律。第一，注意制作的体育器材要符合学生的年龄特点、性别特点；第二，要符合学校的运动场地和一些运动项目特点；第三，自制器材时，教师要科学地指导学生制作，及时解决制作过程中的一些问题，对于学生有困难、有疑惑的问题及时帮助与解惑。

6. 抓住兴趣，挖掘生活化的体育资源，发挥生活体育资源最优化

（1）巧用儿歌童谣，激发学习兴趣。根据儿童的心理特点，把教材内容提炼成儿歌、顺口溜、童谣等，有针对性地将它们安排在课的不同部分。如前滚翻教学中配以教学口诀“三靠一低头，滚动像皮球”，形象地突出了动作的技巧方法，学生对照口诀练习，兴趣浓厚，很快就掌握了动作要领。

（2）创编体育游戏，引入体育课堂。如“换位接力”原本是一个室内游戏，变通后可在室外进行，如将原来的传粉笔改为传球，改原来在黑板上写字为投篮，或改原来的坐姿为仰姿，改用手传球为两脚夹球后传……通过这样的一些变换，游戏不仅变得更有趣生动，而且对学生能力的培养也更全面了。教师应当调动学生积极参与课程资源的开发，让学生自己创造新的安全、健康、有趣的游戏，改造自己喜欢的“成人项目”。

总之，积极有效地开发和利用课程资源是顺利实施课程的重要手段，是提高课程适应性和教学质量的重要举措与必经之路。因地制宜地开发利用各种资源，可以发挥课程资源应有的教育优势，体现出课程的选择性和地方特色。

二、新兴体育项目引入中小学的实践研究

新兴体育项目以其自身的新颖、时尚、刺激，既满足了学生的兴趣爱好，又对学校传统体育项目起到重要的补充作用，既拓宽了教学视野，又发展了学生个性与特长。如何选准适合不同学情的新兴体育项目？如何开展好新兴体育项目？如何在新兴体育项目中发展学生的运动能力和运动水平？

（一）选准角度，避免盲目

从网络和体育刊物中不难发现，当前，学校开展的新兴体育项目有攀岩、轮滑、定向运动、散打、健美操、啦啦操、独轮车、极限飞盘、毽球、空竹等。但是，这些项目是否适合每个学生？是否适合每位教师？是否适合每所学校呢？每项新兴体育项目都有其内在的价值和基础，适合自己的才是最好的。

1. 发挥集体智慧，初定项目

在选择新兴体育项目时，体育组全体成员在准备了一个月的时间后召开了专题会议，每位教师拿出自己确定的新兴体育项目，阐述项目在不同年级、不同学生中开展的可行性、器材的安全性、场地的大小、家长的支持力等，预测项目开展的问题，集中会诊分析，最后达成共识。极限飞盘具有无年龄、无性别限制的特点，并且器具简单，携带方便，稍加练习即可掌握，运动量也容易掌控，不受地域影响，对力量、速度、灵活性、判断力、折返跑能力等都有很好的锻炼价值。基于上述因素，体育组全体成员最后确定把极限飞盘作为新兴体育项目，尝试作为校本课程进行普及。

2. 实验教学，论证项目

确定好极限飞盘项目后，体育组选择五六年级各一个班进行实践论证。通过两周的教学，90% 以上的学生对该运动项目产生浓厚的兴趣，参与的积极性很高。如，正、反手抛盘动作两课时就能掌握得非常熟练，部分接

受能力强的学生能够进行5~10米短距离对抛练习。在高年级学生的带动下，三四年级学生也自发买来飞盘在操场练习，形成了一定的影响力。实践证明，极限飞盘完全可以在小学阶段进行，从掌握程度方面看，该项目比较容易开展、普及和推广。

3. 逐步推广，确定项目

在项目的推广阶段，学校召开了专题教研会，制定了《极限飞盘项目开展实施方案》，确定了“以点带面—课程建设—组建队伍—推广普及—形成特色”的总体思路。低年级成立极限飞盘兴趣小组，高年级组织专门的极限飞盘校本课程，并建立极限飞盘队，利用他们所掌握的技术动作以及简单的对抗比赛知识，带动其他学生，激发全校学生的参与兴趣，从而让更多的人加入这项运动。

（二）共同研究，提高技能

1. 有的放矢，精研技术

极限飞盘技术，表面看来非常简单，但是从教与练中发现，其实它也蕴含了很多的技巧和技能。因此，利用课余时间，体育教师共同深入研究极限飞盘的动作要领、战术方法等。如，为了学会一个动作，飞盘一个一个抛出去，观察飞盘的飞行轨迹，总结手上动作的问题所在，然后捡回来，重新开始练习，从反手到正手，从容易到复杂，直到正确、熟练掌握以及动作定型为止。在对抗性比赛中的过人方法上，对比足球比赛进行摸索，如，二过一战术、三角进攻等，在“教、学、练、赛”中探寻极限飞盘的最佳技术。

2. 因地制宜，制定规则

如何在不改变官方规则原意的前提下，将规则变得更适合小学生？针对这一点，通过观看飞盘比赛研究规则，通过网络上的极限飞盘专业教师了解规则，在不断实践总结中，逐渐形成了一套适合小学生的极限飞盘规则。如官方规则中，开盘环节，过半场之后两侧出界的，可以在出界点或者砖头点开始进攻，没过半场在两侧出界的，在出界点开始进攻。由于小学生在选择进攻点的时候还不能迅速判断利弊，所以统一改成了只要出界，就在出界点开始进攻。如果在飞过了得分区，在得分区后面或者侧面出界，则统一规定在得分区前沿开始进攻。

（三）精心组织，持之以恒

1. 统筹安排，制订科学合理的计划和目标

制订极限飞盘训练计划，结合《义务教育体育与健康课程标准（2022年版）》中的跑、跳、投掷教学分水平、分阶段制定教学目标和教学内容，同时，全校总动员，让极限飞盘项目融入课堂。低年级学生，用小型的泡沫飞盘进行动作以及感觉的教学，中高年级利用比赛标准盘进行比赛教学。让学生有收获、有提高、有成就感和新鲜感，体会玩飞盘的乐趣。

2. 强化素质练习，提高运动能力

极限飞盘项目对速度、耐力、柔韧、协调等素质有一定的要求。在飞盘技术练习的同时，重视对学生身体各项素质的强化，制定科学有效的训练内容，循序渐进地进行体能训练。练习中发现，不论是防守还是进攻，都避免不了防守队员的干扰。那么应如何摆脱防守呢？教学中采取多种组织形式进行了快速折返、身体柔韧、弹跳能力等训练，提高学生力量、准确性、灵活性和判断力等运动能力。

极限飞盘项目作为体育课程资源的“新鲜血液”，在项目开展中结合《义务教育体育与健康课程标准（2022年版）》，适时进行各项运动指标的测试，如50米×8往返跑、仰卧起坐、立定跳远、掷实心球等，在注重积极评价的同时，进一步分析学生个体身体素质的差异，进行单项专门练习，用具体的身体运动数据指导项目的深入实施，保持学生高涨的练习激情。

3. 在比赛中增进友谊，普及提高

一是开展校内对抗赛，不同水平的学生利用合理的对抗，在比赛中评选“最佳控盘手”“最佳突破手”“优秀得分手”等。加强技术动作的巩固，

教师及时记录不足之处，及时总结，找出改进的方法，制订整改方案，科学安排好今后的教学内容和注意事项；二是开展校际对抗赛。定期邀请兄弟学校极限飞盘队相互切磋技艺，交流训练心得和训练方法，相互促进，共同提高；三是承办上级极限飞盘比赛，市直、城镇、矿区等中小学校之间相互竞技，在增进友谊、提高技能的同时，进一步普及极限飞盘项目。

（原文刊发于《中国学校体育》2014 年第 9 期）

三、巧用编织袋培养学生的合作能力

体育器材的严重短缺，制约着体育课堂教学效果。编织袋在农村是常见的物品，很容易搜集，利用编织袋创编一些游戏应用到我们的体育课堂上，不但可以解决器材短缺的问题，也可有效提高学生的学习兴趣。

拓展一：抢种抢收（适合小学低中年级）

游戏方法：把游戏者分成人数相等的两队，成纵队分别站在相距 20 米线后。听到“开始”口令，两队排头持编织袋的学生迅速跑出，沿途把编织袋中的“玉米”种在地上（圈内），绕过终点迅速向回跑将编织袋交给第二位学生，第二位学生接过编织袋跑出，沿途把地上的“玉米”捡起放入编织袋中，绕过终点迅速向回跑将编织袋交给第三位学生，依次进行，先完成的队为胜。

游戏规则：种“玉米”的同学必须把“玉米”放入圈中，否则成绩无效；用时最少的队为胜。

步骤 1

步骤 2

步骤 3

步骤 4

步骤 5

“抢种抢收”游戏示范

拓展二：抢救“伤员”（适合小学中高年级）

游戏方法：五个学生一组，站在相距 20 米的线后。听到信号，其中四人各抬编织袋的一角，一名学生作为“伤员”坐于编织袋上，将其救护到终点，先到终点的一组获胜。

游戏规则与建议：到达终点时，救援者必须将受伤者轻放在地上；编织袋四角用废布缝实，游戏前检查编织袋是否牢固。

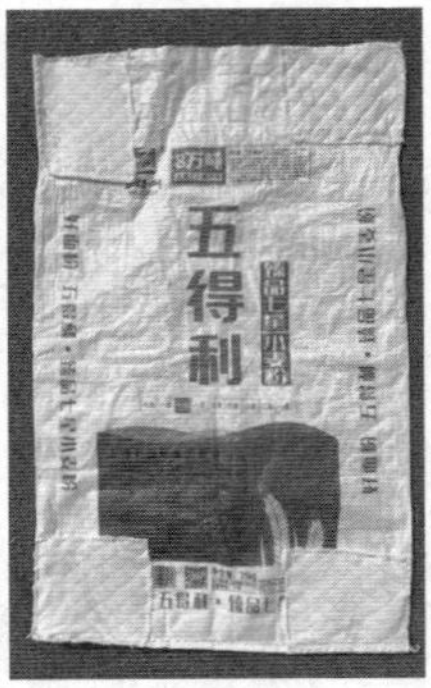

步骤 1

步骤 2

步骤 3

步骤 4

步骤 5

“抢救‘伤员’”游戏示范

拓展三：袋鼠跳（适合小学低中高年级）

游戏方法：将参与者分成人数相等的两队，站在相距 30 米的线后，学生将身体装入编织袋中，手抓住袋口。发令后，通过跳跃的方法前进，以先到终点的组为优胜。

游戏规则：参赛者必须跳跃前进；中途不准跳出编织袋。

温馨提示：也可以两人将身体装入同一只编织袋中进行游戏；游戏前提醒学生注意安全。

步骤 1

步骤 2

步骤 3

步骤 4

“袋鼠跳”游戏示范

拓展四：比比谁的力气大（适合小学中高年级）

游戏方法：两人双手各持编织袋一端，站在标志线后，听到口令后，互相用力往自己方向拉，将对方拉过标志线者获胜。对拉时，双方的手不准离开编织袋，握紧编织袋不能松开，以免摔倒跌伤。编织袋两端用废布缠实。此游戏可培养学生身体的灵活性。

温馨提示：可 4 人做角力游戏；做好安全防护措施。

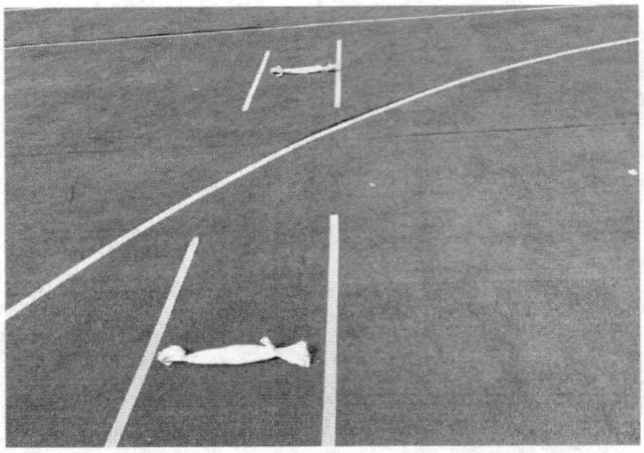
步骤 1

步骤 2

步骤 3

“比比谁的力气大”游戏示范

拓展五：运送“弹药”（适合小学低中高年级）

游戏方法：将参与者分成人数相等的两队，每队中 2 人一组，两人双手持编织袋两端，上面放 2 个排球或篮球，站在相距 30 米的线后。教师发令后，第一组学生持编织袋快速向前跑出，绕过标志杆后往回跑，将编织袋传给队伍内的第二组后，站在队尾，如此往返运送接力至全队结束，先完成的队获胜。

游戏规则：必须将编织袋放在接力的同学手中；中途球掉落，必须将球放在编织袋上面再跑，不得将球向前抛掷或踢出。

步骤 1

步骤 2

“运送‘弹药’”游戏示范

拓展六：抗洪救灾（适合小学中高年级）

游戏方法：两人一组，听到口令后将装有等量沙子或土的编织袋提起，向前跑 20 米，绕过标志杆后原路返回交给下一组，依次进行，先完成的队获胜。此游戏锻炼学生的上肢力量和奔跑速度，让他们在游戏中学会合作。

步骤 1

步骤 2

步骤 3

步骤 4

步骤 5

步骤 6

“抗洪救灾”游戏示范

拓展七：翻山越岭（适合小学中高年级）

游戏方法：将学生分为两组，编织袋内装满农作物秸秆，按横、竖、横、竖……的顺序置于 50 米的直道上。听到哨响，排头学生迅速跑出，采用跨越方式跳过高低不同的编织袋，绕过标志杆后原路返回击第二名学生的手掌，第二名学生跑出，依次进行，先完成的队获胜。此游戏通过跨越不同高度、宽度的编织袋锻炼学生的下肢力量和跳跃能力。

步骤 1

步骤 2

步骤 3

“翻山越岭”游戏示范

拓展八：车轮滚滚（适合小学中高年级）

游戏方法：多只编织袋相连成一条“长龙”。游戏者将“长龙”双手举起，在龙头带领下，进行队列变换练习。

步骤 1

步骤 2

“车轮滚滚”游戏示范

拓展九：快乐青蛙（适合小学低中高年级）

游戏方法：将学生分为人数相等的两组，分别站于端线后，将编织袋按“左、右、右、左、右、左”放置，听到哨响，排头同学采用双脚跳跃的方式跳出，双脚必须落在编织袋上，跳至终点绕过标志物跑回起点，第二名学生与其击掌后迅速跳出，依次进行，先完成的队获胜。注意，编织袋摆放距离要适宜。

步骤 1

步骤 2

步骤 3

步骤 4

“快乐青蛙”游戏示范

拓展十：看谁投得多（适合小学低中高年级）

游戏方法：用粗铁丝做成支架，将编织袋呈开口状置于 10 米半径的圆心内，学生手持 6 个用编织袋做成的“垒球”，听哨响，逐一投球，以投入最多者为胜。投入数量相同可进行加赛。可以个人比赛，也可成队比赛。此游戏培养学生投掷的准确性、定向性。

步骤 1

步骤 2

步骤 3

“看谁投得多”游戏示范

在利用编织袋进行游戏教学的同时，一定要注意正确运用，制作器材前做好消毒工作，另外，因为编织袋是尼龙制品，游戏前一定要强调安全使用，避免伤害事故的发生。我们应该结合各地的条件，因地制宜、群策群力，让编织袋成为体育教学的有效资源。

（原文刊发于《中国学校体育》2018 年第 8 期）

四、“攻打‘炮台’”游戏的实践与研究

我们在二、三、四年级各两个班采用行动研究法和对比实验法对“攻打‘炮台’”游戏方法的科学性、游戏规则的适用性、场地资源的合理性、使用器材的安全性、学生技能掌握等情况进行深入研究，并对此游戏价值有了更为理性的认识和思考。

（一）主要实验与研究的内容

1. “攻打‘炮台’”游戏可操作性研究。
2. “攻打‘炮台’”游戏中场地器材的合理利用。

（二）实验结果与分析

1. 实验过程中，学生练习积极性高，表现出强烈的求知欲，每当“攻打‘炮台’”成功（攻击下投掷目标或“炮台”倒塌）后，有的摆出极酷的造型，有的高兴地跳起来，学生的掌声更是此起彼伏，相互鼓励，提升了学生的课堂幸福指数，学生的集体意识和合作意识得到进一步培养和增强。

2. 充分开发体育器材的隐性功能。该游戏发挥了体操棒的一物多用价值，三根体操棒组合方式简便易行，制作简单，对投掷教学的辅助效果采用不同重量的体育器材（实心球、软排球）作为击打目标和投掷器材（毽子、垒球、沙包），色彩斑斓的器材让学生着实兴奋与激动，练习热情高涨。

3. 场地器材。按照“攻打‘炮台’”游戏中的器材要求，课前准备体操棒三根、实心球一个，每位学生羽毛球、乒乓球各一个。游戏中因实心球、羽毛球和乒乓球的重量比值较大，投掷的半径较大，投出的羽毛球和乒乓球“软绵无力”。练习几次后发现多数学生投中实心球后无法攻下“炮台”。基于以上问题，将投掷半径调整为 3.5 米，实心球调整为软式排球，羽毛球和乒乓球调整为沙包，“炮台”被攻打下的次数明显增多。学生在初步品尝胜利的成果后，将排球换为实心球继续练习。多数学生能够完成后，将投掷半径调整为 4 米，进一步激发学生的练习热情。

4. 目标的实现度效果明显。实验中，我们采取由轻到重、由小到大（器材）、由近及远（距离）、由低到高（“炮台”高度）循序渐进的教学方式，使学生逐渐掌握蹬地转体、挥臂过肩的动作，协调连贯地将器材投出。游戏中，我们感受到，只有学生领会到方向明、角度准、力量大三要素，才能顺利攻打下“炮台”。伴随实验的进程，学生攻打“炮台”的数量和投准“炮台”的数量逐渐增多。

（三）实验结论与建议

1. 结论

（1）目前的研究实验表明，“攻打‘炮台’”游戏适合二至四年级。

（2）该游戏使学生亲身体验掌握投掷的技能和学习的乐趣，较好地体现了新课标下探究性学习的思想。

2. 建议

（1）情境创设，主动参与。游戏开始前教师创设情境，如“敌人来侵犯我们的家园，我们该怎么做”“面对敌人构筑的炮台，我们怎样才能攻破它”等，或让学生主动去创设情境，积极思考攻破炮台的方法，激发学生练习的热情。

（2）明确概念，增强自信。“攻打‘炮台’”游戏中谈到的“炮台”被炸后，守卫者与击中者交换，继续游戏。在实践中学生提出，投掷物触到体操棒或实心球后被炸，还是“炮台”倒塌实心球被攻击后落下来被炸？游戏中学生的反应倾向于后者，后者相对前者来说更刺激、更有成就感。因此，无论哪种“炸”的情形，在游戏中最好给学生明晰的答案，厘清“炮台”被炸的概念，有利于提高“攻击”的目的性、准确性。

（3）形式灵活，组织多样。实践证明，游戏组织形式的多样化可以极大鼓舞学生士气，更好地调动学生参与的情绪。游戏中可以采用不同远度（3.5 米、4 米为半径的圆）、不同组合（二人、三人、多人）以及击打“炮台”不同部位的练习形式，在游戏中学会分工、合作，在相互信任中共同完成任务。同时，引导同伴之间相互观察、相互帮助，“兵教兵、兵带兵、兵促兵”，共同进步，攻克“炮台”。

（4）有序进行，安全第一。攻打“炮台”时学生依次进行，给学生留足思考的时间和投掷动作的准备，避免学生一哄而上出现安全隐患。由于羽毛球、乒乓球等投掷器材重量轻难以攻破“炮台”，攻破“炮台”的唯一方法就是增大投掷器材的重量，如沙包、垒球等器材，但是这些器材也增加了隐患，因此，若使用重量大的器材，建议在游戏过程中不要再保留守卫“炮台”的“士兵”。评价方法可以采用积分制，游戏结束时评选出“最佳远投手”“最佳神投手”等称号。

（原文刊发于《中国学校体育》2013 年第 12 期）

五、巧用短绳，发展速度素质

短绳是小学体育课中最基本，也是最重要的体育器材，不仅可以用来完成单双脚跳、编花跳、双人跳等多种跳绳练习，还可以用来做绳操、当标志物、做游戏器材等，发挥跳绳的一物多用功能，使学生的灵敏、协调、速度、力量、耐力等身体素质得到有效的锻炼。

（一）巧用短绳提高反应速度

反应速度是指人体对刺激产生反应的快慢。变换不同跳法，创编快速反应跳绳游戏，使学生大脑中枢神经系统得到锻炼，提高反应能力。

1. 随“机”应变

练习方法：在双脚跳绳的基础上，学生根据不同的哨音迅速变换不同的跳法，当听到一声长哨时继续双脚跳；当听到一声短哨时迅速变为单脚跳；听到两声短哨时两脚交换跳……随机变换哨声，提高学生的反应速度。

练习建议：该练习需要在学生熟练掌握双脚跳、单脚跳、交换脚跳等多种跳法的基础上进行；信息变换的频率要适当，应遵循由易到难的原则；为了增加练习的兴趣还可以变换信息的种类，比如数字口令、掌声、音乐等。

2. 鲤鱼跃龙门

练习方法：将游戏者分成人数相等的四路纵队，每队间隔 2~3 米，前后间距 1 米。每队前两名队员手持短绳两端面向本队站在队前，持绳高度 40 厘米。听到发令后，持绳队员依次从站立队员脚下快速通过，队员依次迅速起跳（可采用多种跳法）。持绳队员跑到队尾后，第一人站在队尾，第二人则持绳从队伍右侧返回与第三人持绳继续游戏，依次进行，以先跳完的队为胜（见步骤 1）。

练习建议：为了增加趣味性及提高反应速度，可以根据学情和场地变换游戏组织队形，如弧形、圆形等；也可以规定过绳时的动作，如单脚跳、开合跳、转身跳（见步骤 2）、两路纵队下的两人并肩跳、蹲位的预备姿势跳（见步骤 3）等。

步骤 1

步骤 2

步骤 3

步骤 4

“鲤鱼跃龙门”游戏示范

3. 龙腾虎跃

练习方法：8 人一组，两生当“打竿者”，相对蹲立，双手分别握住两根短跳绳的一个手柄并拉直。开始口令后，“打竿者”竖握手柄，采用“开开合合”的节奏开合跳绳，同时向地面敲击手柄底端，其余同学成一路纵队站在跳绳的一侧，依次巧抓时机，快速反应，当跳绳分开时跳到两绳之间，马上闭合时迅速跳出，如果没能及时跳出而被跳绳夹住，视为失败，和其中一名“打竿者”互换位置继续游戏（见下图）。

练习建议：打竿者的节奏要一致，两绳分开的距离在 50 厘米左右；引导学生发挥想象力，创编多种进绳的方法，可以双脚或单脚跳进，可以从同一边出绳，也可以从不同的方向出绳等。

步骤 1

步骤 2

步骤 3

步骤 4

步骤 5

步骤 6

“龙腾虎跃”游戏示范

（二）动作速度中短绳的应用

动作速度是指人体或人体某一部分快速完成某一动作的能力。一根短绳既可以提高下肢的动作速度，还可以提高上肢的动作速度。

1. 音乐跳绳

一分钟跳短绳对提高动作速度有很好的促进作用，但在练习的过程中，有的学生练着练着就会失去兴趣，还有的学生跳着跳着就乱了节奏，动作速度很难提高。

音乐跳绳是在音乐的节奏下进行的 1 分钟双脚跳。练习初首先选择节奏感强且慢速的音乐进行练习，让学生掌握踏准鼓点的方法，然后在熟练的基础上逐渐更换快节奏的音乐进行练习，循序渐进地提高学生跳绳速度和成功率。在音乐的刺激下学生的挑战欲、兴奋性会不断提高，短绳在孩子手中充满了活力，使机体的动作速度不断提高。

2. 快马加“鞭”

挥臂速度对投掷项目非常重要，练习中我们可以让学生利用短绳体会快速鞭打动作，提高挥臂速度。

器材制作：把短跳绳对折，缩短成一条长 40 厘米的“小鞭子”，两端可用胶带固定（如步骤 1）。

练习方法：在足球门横梁上悬挂一块体操垫，并调整到合适高度（如步骤 2）。学生成一路纵队在垫后站立，第一名学生离垫 1 米处，手持“小鞭子”于头后肩上方，听到口令后，向前上方快速挥臂鞭打小垫子，连续三次后换下一人继续，根据小鞭子抽打垫子的声音来提高挥臂速度。

练习建议：跳绳最好选择棉线材质的绳子；严格控制练习者和等待者之间的距离，确保安全；小垫子也可以固定在墙上进行练习。

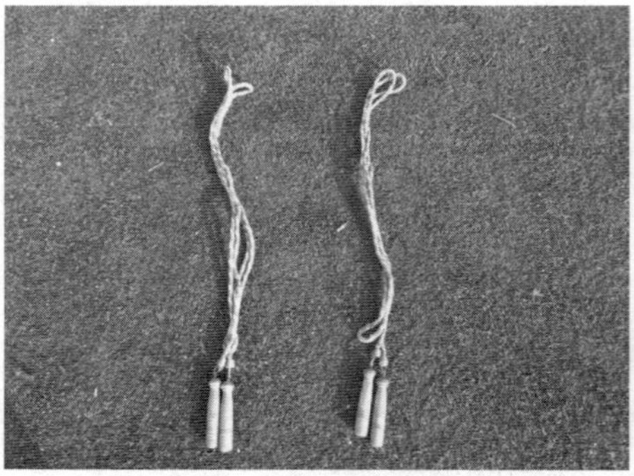

步骤 1

步骤 2

步骤 3

步骤 4

步骤 5

“快马加鞭”游戏示范

3. 辅助标志

高抬腿是练习步频常用的方法，练习中要求两腿快速交换，大腿高抬至水平。练习中多数学生大腿高抬不到位，影响了练习效果，为了解决这个问题，我们可以巧用短绳做标志。

方法一：原地高抬腿练习中，两人拉直一根短绳于自己的大腿根处，两名练习者在绳后10厘米处站立，当听到开始口令后，快速做原地高抬腿，让高抬的大腿触碰到拉直的短绳，比一比规定的时间内谁完成的标准动作多（见下图）。

步骤1

步骤2

方法二：行进间高抬腿比赛，两人拉直一根短绳于自己的大腿根处，两名练习者分别站在绳子左右两侧并侧对绳子，当听到口令后，快速做行进间高抬腿，要求大腿抬至绳子的高度，最先做到绳子末端者为胜者。

步骤3

步骤4

（三）巧用短绳提高位移速度

位移速度是指在周期性运动中往往以单位时间通过的距离，或通过所需时间来表示。我们可以用短绳制造器材来提高位移速度。

1．抓“尾巴”

器材制作：把短绳对折，在绳子末端打一个结扣，有结扣的一端别在身后当“尾巴”（见下图）。

练习方法：把学生平均分为两大队，间距 2 米相对站立，当教师喊“1”时，1 队队员转身向后跑，2 队迅速去捉对应的 1 队队员的“尾巴”，如果在规定的距离内抓到了对方的“尾巴”，则为胜，反之为败，然后再次回到起点继续游戏。

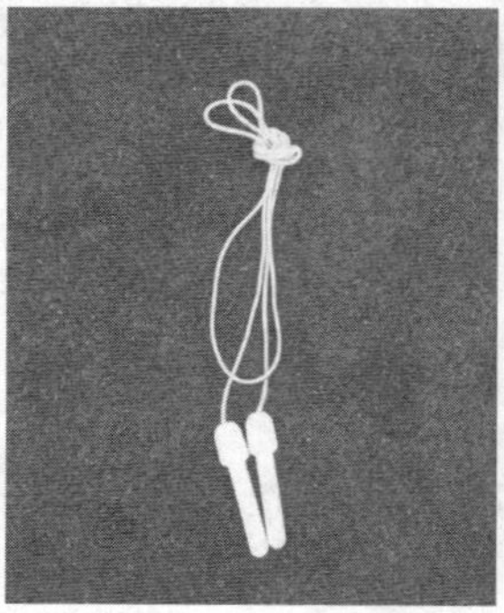

步骤 1

步骤 2

步骤 3

“抓‘尾巴’”游戏示范

2．“攀”绳梯

在很多项目中，脚步的移动速度是很重要的一个因素，利用绳梯进行各种步伐练习，能有效提高脚步的位移速度。

器材制作：在地面上间距 40 厘米平行横放七根短绳，然后在靠近两端的位置分别间距 40 厘米平行竖放两根短绳，交点处可用胶带简单固定，这样两副绳梯就做好了（见下图）。

练习方法：

（1）正对跑进方向，立于“格”后，两只脚先后踏进一格，向前跑进。

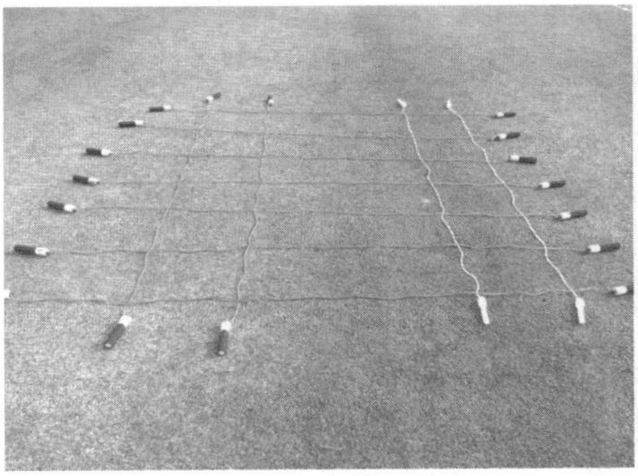

步骤 1

步骤 2

步骤 3

“‘攀’绳梯”游戏示范一

（2）侧对跑进方向，两只脚先后踏在同一格内，以侧跨（滑）步的方式一次一格快速前行。

（3）站在第一格的右（左）侧方，正对跑进方向，练习开始时，两脚依次进入第二格，接着两脚依次出格到第三格的右（左）侧方，然后两脚依次进入第四格……呈“>”“<”形快速跑进。

步骤 4

步骤 5

步骤 6

“‘攀’绳梯”游戏示范二

实践证明，体育教学中对短绳的不同使用，可以帮助学生更好地发展速度素质，让枯燥无味的速度练习变得方法多样且生动有趣，大大提高了锻炼的效果。学生们在玩中学，玩中练，促进了身心全面发展。

（原文刊发于《中国学校体育》2016 年第 4 期）

六、课后体育作业的有效布置与监督

《义务教育体育与健康课程标准（2022年版）》指出，布置学生独立或合作完成、与家长共同完成的体育家庭作业等，促进学生经常锻炼、刻苦学习，逐渐培养学生的体育锻炼习惯，促进学生更好地形成核心素养。课后体育作业的布置是体育课堂的组成部分，是体育教学的延伸，是提高体育技能的一项重要措施，是沟通教与学的枢纽。从学生层面来讲，课后体育作业可以让学生在课后对所学内容做进一步练习，帮助学生更好地掌握运动技术与技能，提高运动能力，有效地弥补体育教学课教学的不足，使学生的体育课堂教学得以延续。从教师层面来讲，通过布置与课堂相结合的课后体育作业，教师可及时总结经验，改进教学方法。课后作业布置与监督应做到有目的、有计划，从而更好地指导学生利用课余时间进行体育锻炼。因此，从“说、记、练、结、促、查、评”入手，使课后体育作业的布置与监督落到实处。

（一）说得清

“说”是布置体育作业的第一要素。根据课堂教学内容和学生实际掌握情况，每次课结束前，教师宣布课后体育作业的内容。第一，要体现作业的针对性，根据学生的体育基础、运动水平和认知不同等，内容的布置以本节课知识的练习为主；第二，要体现作业的灵活性，作业的布置要关注学生的个体差异，满足不同层次学生的锻炼需要。例如教学排球后，可以给身体素质、运动技能好的学生布置排球基本技术组合练习的作业；给运动技能中等的学生布置垫球、发球的作业；给基础不好的学生布置一些熟悉球性的练习，使不同运动水平的学生能自觉地、积极地、有目的地完成课后体育作业，引导学生积极参加体育锻炼，使每位学生都能发展与提高。

（二）记得牢

“记”是完成课后体育作业的先决条件。俗话说“好记性不如烂笔头”，针对个别学生易忘，或有的学生总以没有记住作业为借口而不按时完成，体育教师应让学生设立专门的《体育课后作业手册》。一要记内容，每次体育课后利用休息时间将课后作业记录下来，注明时间、内容、完成数量或质量，一定要记录翔实；二要记收获，鼓励学生将体育课上、课中、课后，以及完成体育作业的发现或感受写出来，以此培养学生对体育的兴趣。

（三）练得乐

“练”是完成体育课后体育作业的中心环节。课后体育作业内容布置得再恰如其分，学生不去练习，体育作业也就失去了它的原意。再者，无论做什么事情都需要有恒心，持之以恒，不能只有三分钟的热度，“三天打鱼，两天晒网”不会收到好效果。课后体育作业完成的主体是学生，注重发挥学生的主动性、积极性是顺利完成体育课后作业的保障。一要体育作业练习形式多样化，比如个人、双人、多人结合的练习形式，发挥同伴互助的功能，共同进步；二要练习手段趣味化，可以“以赛代练”，在比赛中巩固提高，同时培养学生的团队意识和合作精神；三要练习生活化，学生可以联系生活实际以及周边的生活场景进行练习，结合自然地形，进行上坡跑、下坡跑的锻炼，增强活动的趣味性，提高活动内容的有效性。

（四）结得巧

课后作业巧妙地与新授课的教学内容以及相关活动结合起来，能够对教学以及学生的身体锻炼起很好的促进作用。一要将课后体育作业的布置与下节课的教学内容相结合，如，学生初步掌握篮球行进间的传、接、运球后，课后布置一些与篮球教材有关的模仿性和辅助性练习，以帮助学生掌握和提高运动技术与技能，还可以布置原地投篮练习，为下节课完成课堂教学的教学任务做好铺垫；二要将课后体育作业的布置与阳光体育活动相结合，如学习了绕“8”字跳绳后，在开展的阳光体育活动中安排跳绳接力赛，让学生在练习、观察、对比、发现中掌握绕“8”字跳绳的技术要领，要比单纯的说教效果明显；三要将课后体育作业与课外体育活动以及其他活动有机结合起来，如针对耐力素质差的学生，就多组织长跑活动，因为长跑是提高耐力素质的最有效手段，老师陪他们一起跑，在增进师生感情的同时，使学生感到课后体育作业不是负担，而是乐趣，在轻松愉悦中顺利完成。

（五）促得紧

家长的帮助以及学生间的相互督促是完成体育课后作业的有效手段。体育作业主要依靠学生的自觉性、主动性去完成，但是布置作业的初期，一些学生还没有养成良好的作业完成习惯，这就需要家长、同学的协助配合，互相督促完成。众所周知，体育教师的班级多、学生多，放学后还有训练等任务，不可能经常检查学生作业，而且体育课后作业通常要求课下完成，因此必须与家长沟通好，学生把练习的情况记录在《体育课后作业手册》上，家长签字。一方面学生能对自己的练习内容做到心中有数，另一方面家长也对孩子每天的练习内容全面了解，发现问题及时提醒，有效地杜绝“放任自流”的不良现象。此外，“一帮一，多帮一”，同学之间互相监督和督促，也是行之有效的手段之一。

（六）查得详

“查”是课后体育作业监督的具体形式。教师一要经常了解学生的课后体育作业完成情况，设立“学生课后体育作业完成记录簿”。二要通过上课检查、不定时抽查、安排体育委员或小组长进行检查等手段，对学生完成作业的情况进行检查和督促。查出的问题要尽快解决，不留“夹生饭”和“后遗症”，否则作业会越积越多，甚至成为学生的负担，在压力下做作业效果会适得其反，学生也会逐渐失去完成作业的兴趣。三要检查完后，及时对学生进行等级评价，表扬先进，鼓励争先，使学生在自觉完成作业的过程中养成体育锻炼的习惯。

（七）评得实

“评”能有效发挥课后体育作业布置与监督的激励功能。首先，教师根据所学内容定期进行展示会、小测验、小比赛等，为学生搭建展示自己课后锻炼成果的平台，及时引导学生汇报展示交流，激发学生的总结积极性。其次，对一学期来体育作业完成情况较好的学生进行鼓励，评选“小健将”“小能手”“小明星”等。再次，《体育课后作业手册》也要作为评价的依据，根据作业内容的完整程度、字迹的工整程度等进行综合评定。当然教师也要注意区别评价，使受表扬者不要沾沾自喜，继续努力奋进，完成作业稍差的学生也不要垂头丧气，加倍努力，迎头赶上，做好学生的思想工作也是非常重要的。

《学校体育工作条例》明确规定：“保证学生每天有一小时体育活动的时间。”课后体育作业的布置与监督不仅能巩固课堂上所学的技术、技能、技巧，强化教学效果，增强学生体质，还能引导学生在课余时间进行体育锻炼，丰富了学生的课余文化生活，只要我们高度重视课后体育作业的布置与监督工作，就会保证学生每天有一小时体育活动的时间，学生也会健康、和谐、全面发展，为学生终身体育打下坚实的基础。

（原文刊发于《中国学校体育》2009 年第 10 期）

七、“一物多用”下体育器材课程资源开发与利用的研究

体育器材是学校体育教学的基本保障，让闲置于器材室的体育器材重新焕发“生机”和活力，“一物多用”下体育器材课程资源的开发与利用研究是摆在广大体育教师面前的重要任务。体育器材的开发研究及创新应用

有助于学校体育工作的开展，有助于促进学生的全面发展和个性发展，是对体育与健康新课标的具体实施，在一定程度上，解决场地、器材等不足的问题，也培养了体育教师的创新精神，推动学校体育的新发展。本研究主要根据《小学体育器材设施配备目录》中的必配类器材来判断学校拥有器材设施的种类、数量、规格等基本情况，旨在了解我市小学体育器材设施现状与运用，为教育主管部门改进体育教育和配备必要的体育器材设施提供依据，促进小学体育教育的发展。

研究实现以下目标：①拓宽体育器材有效应用空间。落实新课标下体育课程资源的有效开发与推广，丰富体育教学器材及活动内容，提高体育器材的利用率，提高学生体质健康水平；②以生为本，遵循学生成长规律。依据学生的年龄特点，从学校实际出发，选材物尽其用，加大体育器材开发与利用的实用性和有效性；③学生创新意识进一步得到培养。学生在体育知识的学习、体育技能的形成、心理品质和社会适应等方面获得一定的发展，学有效果、学有效率、学有效益；④促进教师专业化成长。

（一）问题的提出

《义务教育体育与健康课程标准（2022 年版）》明确指出，积极开发利用课程资源是顺利实施课程的重要组成部分，因地制宜开发利用各种课程资源，可以发挥课程资源应有的教育优势，体现课程的弹性和地方特点。那么如何利用好闲置的体育器材？如何发挥体育器材功能的最大化？如何结合教学内容选取器材？如何在体育器材的应用中培养学生的创新精神和创造能力？基于以上思考，从肥城市小学学校的实际出发，以体育器材有效应用为主要内容，对“一物多用”下体育器材课程资源开发与利用进行研究。

本研究综合运用文献资料、问卷调查、数理统计等多种方法，从 6 所市直及 14 所乡镇中心小学随机抽取 15 所小学，对其体育器材设施和场地的现状进行调查，以求较全面地了解肥城市小学体育器材设施及其应用现状。提出具体的、操作性强的经验做法，加以推广应用。

（二）解决问题的过程与方法

1. 体育器材在应用中存在的问题

伴随阳光体育的深入开展，各地在体育器材购置数量和质量上都有了质的飞跃，基本满足了学生体育课的使用。随之而来的问题是，大量的体育器材在教师传授过相关的内容后被闲置了起来，有的体育器材仅仅用于学习某一项具体的体育项目时使用。目前，国内对自制体育器材在体育教学中的应用研究较多，这源于以前学校器材的匮乏，通过诸多体育教师的研究，师生齐动手自制器材在一定时期内有效地补充了体育器材的不足。新课程理念下，引导师生自主选择各种体育器材和多种形式进行表达和创造，通过提高布置、使用场地器材的有效性，灵活地使用器材，提高学生的学练积极性。

2. 解决问题的过程和方法

在研究中，我们利用体育器材的“多重身份”，并根据体育项目的特性，对它们进行“量材录用”，灵活地进行加工、改造，制作成形式多变、各种各样的活动器械，让它们在我们的课堂上持续发挥“余热”。让闲置于器材室的体育器材重新焕发“生机”，可以丰富练习项目的内容，促进学生的全面发展，发展学生的个性，推动学校体育的新发展。在全面了解学生的生活经验和基础知识，关注学生的学习状态和个体差异的基础上，利用体育器材的特殊性赋予其鲜活力和生命力，利用器材的多种功能开发适合学生体育学习和锻炼的游戏，实现“自主、合作、探究”的学习方式，保证学生在课堂上主动而愉悦地学习。对体育器材自身的价值进行挖掘、整理、变式、重组、创新，其内容的丰富性和功能的多样性可以实现体育课程标准多个学习领域的领域目标，从而更好地服务于课程目标。通过学习、借鉴专家的理论，总结出符合学生实际的练习方法。围绕本研究课题，在查阅体育社会学、体育管理等学科的理论基础上，采用行动研究法，通过“学习—实践—变式—创造”来构建体育器材创新设计和活动创新设计。在教学实践中不断探索，改进和提高体育器材开发和利用的新方法、新形式、新手段。在体育器材资源开发与有效应用中从理论与实际的联系中提高技能，运用知识分析问题和解决问题，注重体育器材资源开发理论与实践教学内容的有机结合。

以学生兴趣为出发点，为课堂服务，有效地使体育器材融入课堂，满足学生的需求。让学生乐意参与器材开发的全过程，充分享受并体验体育活动带来的无限乐趣，以激发学生对参与器材开发、创编体育游戏更浓厚的兴趣和更高涨的热情。积极保护学生的创新萌芽，根据学生的知识、智力，引导学生在编创时求变、求异、求新，而决不能仅仅满足于对传统游戏的简单模仿。如，栏架除了可以用来跨栏，也可以用来作“投射门”来进行各种投掷、射门等游戏活动。开发的体育器材必须符合学生的年龄特点；选材物尽其用，实现利用的最大化；加大器材开发的实用性和有效性。合理利用和开发体育器材不仅挖掘了器材的最大潜能，还有利于学校体育教学的顺利进行，提高体育教学质量。

比如，利用红丝带和自制的两端带环扣的橡皮筋等器材，一物多用服务教学，帮助学生快速掌握动作要领，培养学生创新能力；利用闲置的彩旗进行跑跳投的游戏创编，创作出了“我是护旗手”“紧急集合”“翻山越岭”“穿越封锁线”“空中截击”“突出重围”“胜利会师”等游戏。对身边现有的器材进行多物组合，还包括利用体操棒、实心球、沙包、毽子等，采用行动研究法和对比实验法，对攻打“炮台”游戏方法的科学性、游戏规则的适用性、场地资源的合理性、学生技能达成等情况进行深入研究，相互探讨、相互研究、相互交流，建立起平等、民主、和谐的师生关系，真正体验运动带来的快乐。我校利用课外活动时间开展全校性的折纸飞机创意和投纸飞机比远度大赛，比学赶帮超，不知不觉中学生的投掷、协调、灵敏等素质得到增强。除此之外，学校成立初级花样跳绳社团，确定了“绳舞飞扬，健康成长”的活动主题，开展了双人跳绳、集体跳大绳、“海底捞月”、“8”字跳绳、穿越“封锁线”等活动。跳绳活动的开展，丰富了师生校园文化生活，营造了充满活力、健康向上的校园体育文化氛围，培养集体主义情感，增强了团队之间的凝聚力，激发运动兴趣，提高运动能力，树立克服困难的自信心，实现运动技能、行为习惯、体育品德等学生核心素养的培养目标。

“一物多用”下体育器材课程资源开发与利用的研究为我校体育活动的开展发挥了巨大的引导作用，对学生体质健康提升具有重大的现实意义。

（三）成果的主要内容和依据

1. 内容

充分使用体育器材。充分使用体育器材是实现有效应用的前提。在教学中，认真开展与“一物多用”相关的体育活动。根据体育器材室和运动场的器材情况，将现有器材进行如下分类并开展有效应用研究。

木质体育器材：体操凳、栏架、武术棍、接力棒、体操棒、代表牌、乒乓球拍等；

球类器材：篮排足球、实心球、垒球、铅球等；

器材室闲置器材：彩旗、标志旗、小铁旗、标志桶、拔河绳、记分牌等；

轻质体育器材：哑铃、羽毛球、毽子、沙包、跳绳、乒乓球、皮筋、呼啦圈、纱巾、手绢、彩带等；

室外体育器材：单杠、双杠、排球柱、篮球架、排球架、足球门、乒乓球台等。

面对学校器材与场地不足的现实，根据现有器材与场地资源特点和教学需要，利用器材固有属性，挖掘器材与场地的多种功能，弥补农村学校器材与场地资源的不足问题。如将接力棒等距间隔开，练习高抬腿；小体操垫不仅可以用作垫子，还可以作为学生跨越的障碍物；标枪也可以作为标志物使用；几个实心球有序间隔开，可以做蛇形练习的障碍等（见表 3–1）。

表 3–1　器材的多功能开发

项目	器材	多功能开发
球类	篮球、排球、足球、羽毛球、乒乓球、网球等	投掷物、障碍物、铅球、沙包
体操类	体操垫、双杠、单杠	攀爬物、障碍物
其他	跳绳、呼啦圈	障碍物、投掷目标

彩带颜色鲜艳，随处可见，运用到体育课堂中，对丰富体育课堂起到了很好的作用。彩带作为课题研究的一个重点内容，在不同项目中都能开发和应用，既丰富了学校体育教学器材及活动内容，又能提升体育课堂教学有效性，增加课堂练习的趣味性和竞争性，还有利于提高学生参与课堂的积极性和主动性，提高学生的动手能力。在快速跑教学中，将中间带皮筋的自制彩带作为器材，不仅安全实用，而且美观、科学、合理。教学中，自制彩带贯穿课堂始终，热身活动也可以利用彩带进行专项健身操练习，有效地调动了学生学习的兴趣，充分活动开身体。技能学习中，运用彩带布置场地，科学合理地解决了步频和步幅的练习，在传统的“长江黄河”游戏中，利用抓彩带引起学生兴趣的同时，皮筋的弹性还起到了很好的安全性，突破了教学重难点。色彩斑斓的彩带丰富了课堂色彩，对体育教学起到了很好的辅助作用，为打造高效的体育课堂，提高体育教学质量提供了有力的保障。

合理利用现有学校体育场地。在农村学校体育器材和场地匮乏的情况下，应加强对现有场地的使用效率，降低器材闲置率，满足学生活动、训练以及竞赛的需要，方便体育课堂教学。合理规划学校现有场地资源应做到：第一，加强学校现有场地协调使用，合理布置场地，使每个场地资源都能发挥其最大使用率，避免在场地不足的情况下浪费；第二，体育教师应对学校现有场地进行合理协调分配，做到多个班级安全活动，互不干扰，各活动项目不能有冲突，合理分配教学内容，以达到场地的均衡使用。

表 3–2　活动场地与功能开发

场地	功能	功能开发
篮球场	篮球训练及教学	往返跑、迎面接力、障碍跑、追逐跑
排球场	排球训练及教学	往返跑、迎面接力、障碍跑、追逐跑
足球场	足球训练及教学	往返跑、迎面接力、障碍跑、追逐跑
羽毛球场	羽毛球训练及教学	短距离跑、往返跑、迎面接力、障碍跑、追逐跑、跑素质练习
其他	体操及网球训练及教学	往返跑、迎面接力、障碍跑、追逐跑

我校对器材改造创新及场地合理利用也有很好的研究与实践。原本，现有的体育器材不能满足课堂教学的使用，于是开始自制体育器材，这样可以有效激发学生兴趣，提高学生练习的热情。比如，自制纸飞机练习投掷的手臂用力顺序；自制纸足球练习足球的传接球；运球或开展球类游戏；用塑料接力棒进行传接棒的学练和接力比赛；用矿泉水瓶子装沙子，既可以当标志物也可以当手榴弹，还可以作为标志杆练习足球过杆，篮球运球时放倒和立起可以锻炼学生注意力分配；装化肥的废旧袋子可以用来玩袋鼠跳及开发趣味游戏；废旧篮排足球皮通过裁剪缝制成实心球、垒球、沙包等既提高了安全性，也让学生乐学、乐玩、乐练。学校的操场是炉渣跑道，每次运动会画场地便是一件头疼的事，尤其是弯道不好画，于是，老师们利用两根废旧跳高架、一个定向轮和一个万向轮自制了一个画道器，大大提高了工作效率。旧山羊损坏严重，重新购置的话资金紧张，就拿旧的汽车轮胎直接固定于操场的闲置空地上，学生热情高涨。此外，用旧自行车固定于单杠下方，手抓单杠练骑行，提高了场地器材的利用率。

创新利用常规器材。体育课上，不管是低年级的学生，还是高年级的，面对熟悉、常规的体育器材，往往会丧失兴趣，面对这个问题，学校需要打破常规教学方法，积极创新玩法，给学生一种全新的难度和体验。例如，关于跳绳，可以进行花样跳绳、绳操、跳大绳，利用绳子进行三人角力等，体育学习变得更加有趣，学生充满活力和激情参加各种活动。在传统的体育活动中，球就是球，绳子就是绳子，但是它们也可以有别的用处，例如，在一些活动中，球也可以设置为障碍物，绳子也能让它成为跨栏，或者用来跳和跨等各种新奇的活动项目。这样的创新方式，在于充分利用体育器材，同时也节省了器材资源，丰富了学生的体育活动。

通过实践研究，短跳绳在体育课中的应用已经越来越广泛，无论是直接应用还是改造后的再利用，都为体育课堂增添了乐趣，为学生运动技能的掌握、身体素质的提高提供了很大的帮助。在素质课教学中，以短绳为器械，在音乐的节奏下，进行动静结合的绳操练习或两人一组的合作练习或小组对抗赛，让学生在欢快的气氛中，借助跳绳充分活动各关节，拉伸上下肢韧带，让协调、灵敏、柔韧素质得到提高。在快速跑的课堂中，短跳绳可以充当“抓尾巴”游戏中的“尾巴”，直观形象的“尾巴”，激发了学生的参与热情和练习兴趣，让学生在欢快的游戏中提高了快速奔跑的能力。在投掷课中，学生最大的难点是挥臂速度不快，把短跳绳折叠成“小辫子”，让学生抽打置于前上方的小垫子，通过抽打的声音刺激学生提高鞭甩手臂的速度，从而很好地解决了投掷中的难点。在足球素质课中，短跳绳可以摆成一定间距的间隔段，充当云梯，让学生进行各种步伐的练习，弥补了学校器材的不足，同时教师带领学生一起摆放跳绳，锻炼了学生的动手能力和合作能力。

巧妙制作简易器材。在遇到体育器材不充足的情况时，可以自己去试着做一些简易的体育器材，挖掘和开动学生的创造力。如在矿泉水瓶里面灌满沙子作为练习时的沙包来使用，还可以当作障碍物或者保龄球来使用，这样既简单又容易，并且满足了学生的体育活动需求，也符合体育教学的要求。

2. 依据

体育器材是提高体育课堂教学质量，保持和延续学生较高的学习兴趣，增进学生健康的有力保障。采用行动实践法、经验总结法、文献资料法等研究方法，通过对体育器材进行开发研究，构建优质课堂，让学生爱上体育。一物多用中充分挖掘体育器材的潜在功能，拓展器材功能，丰富体育课堂内容，培养学生的动手能力。通过研究，进一步促进体育老师理论知识、教学能力、创造能力的提升，丰富学校体育活动项目，提高学生运动兴趣。

（四）效果与反思

1. 效果

结合教材内容，改造加工器材。选择和使用恰当的体育器材，不仅能激发学生的学习热情，还能加快学生的学习进程，起到事半功倍的教学效果。体育教师在参与器材的加工改造、自制创新的过程中，会由此产生新的教学灵感和教学设计思路，如投掷沙包和彩带的结合、跳高教学中橡皮筋的多功能开发等。因此，体育教师参与自制简易器材，是教师主动性、自觉性的具体体现，是其专业发展的起点，能使其进一步加深对教育的理解，能促进其主动丰富其学科知识，并能超越体育课堂的局限去思考和实践。另外，教师参与自制简易体育器材的活动，可以增加对体育学科的归属感，提高教师的士气、工作满意度和责任感，使教师对教学工作有更多的投入，促进教师专业发展。

联系生活，一物多用。学生亲自参与制作体育器材，充分发挥师生的积极性和创造性。近年来，人们生活中会产生很多废弃物，如矿泉水瓶、纸板纸盒、废旧的轮胎，还有如丝巾、手绢、拉花等。这些都可以根据教学的需要制作成各种简便实用、学生喜欢的器材，还可以涂上学生喜爱的颜色，不仅解决了器材问题，而且安全、方便教学。

加强实践研究，加大指导培训。通过访谈得知，目前，多数体育教师在思想上已经具备了对场地器材的开发创新的意识，但是苦于缺少思路和技术，不了解如何去开展工作，不知道从哪里下手。基于这种情况，应采取相应措施。首先在思想上积极引导，可以通过举办讲座等形式开拓各学校领导和体育教师的思路；同时提倡在实践中予以尝试，对各学校和教师进行技术操作层面的指导，对于取得的成绩要及时予以肯定和鼓励，必要时教育行政部门要树立典型，使此项工作能够在思想上得到重视，在实践环节又具有可参照可学习的目标。

立足学校实际，研制校本课程。从长远的角度考虑，场地器材的开发利用绝不是一朝一夕的事情。虽然体育场地器材在目前基本能满足国家标准，但是依然不能满足学生体育学习的需要，就需要对此进行认真思考和研究，建立长效机制，从开设简易体育器材研制校本课程开始，使学生能够有机会去体验体育器材开发的各个环节，器材的创新过程能够激发学生练习的积极性、主动性和创造性，在提高运动技能和身体素质的同时，努力提高学生的核心素养。

2. 反思

"一物多用"下体育器材课程资源开发可以缓解其教学资源不足的现状。利用农村中小学现有体育器材与场地资源，发挥篮球、足球等器材的一物多用功能，利用编织袋、报纸等生活废旧资源，废旧足球、篮球等废旧器材资源和竹竿、玉米棒等自然资源，制作跨栏架、接力棒、标枪等田径器材是切实可行的。

随着学校规模不断发展，场地器材等体育设施不足的问题日益突出，政府应充分发挥调控职能，加大专项资金的投入比例，适当提高体育设施资金投入标准，加快学校体育设施建设。加强对体育教学资源开发宣传力度，提高教师乃至学校领导对体育与健康资源开发的重视程度，鼓励教师有针对性地、有计划地进行器材与场地设施资源开发，缓解器材与场地不足的困境。

第二节　创新体育游戏，激发学练热情

体育游戏是以身体练习为基本手段，按一定游戏目的和规则进行的一种有组织的体育活动，也是一种有意识的、有创造性和主动性的体育活动。体育游戏能调动学生的感知细胞，培养其认知能力，激发学生练习的积极性，促进学生对运动技能的掌握，对学生进行思想品德教育。按照人体基本活动能力，可以分为行走类、奔跑类、跳跃类和负重类等；按照提高身体素质任务，可以分为力量类、速度类、耐力类和灵敏类等；按照运动项目，可以分为田径类、体操类等；按照活动形式，可以分为角力类、追拍类、接力类、变异类和综合类等。理解和把握游戏的潜能，才能更好地发挥游戏强健体魄的作用，创造具有思想性、艺术性、趣味性、安全性的体育游戏，进一步激发学生练习的积极性和主动性。

一、接力棒游戏的多功能开发

接力棒是学校体育活动的必备器材，但在体育教学的活动中，除了接力跑之外其他的地方很少能够用得到，这就大大限制了接力棒的用途。为此，我将接力棒与游戏进行合理结合，对接力棒进行多功能的开发与利用，实现了一物多用、多物合用，充分发挥了接力棒的潜在效能，收到较好的效果。

（一）稳中求胜

游戏目的：提高投准能力，培养学生认真观察的好习惯。

场地与器材：平整场地一块，接力棒6根。

游戏方法：把六根接力棒并排竖着摆放成三角形，将此看作保龄球，学生在距离其 10 米处利用手中的软排球去打“保龄球”，看谁打倒的“保龄球”多。打完的同学负责重新摆好“保龄球”，下一位继续，以此类推。最后打倒的“保龄球”多的人获胜。（步骤 1）

游戏规则：在统一口令下投、捡接力棒；越过投掷线成绩无效。

温馨提示：根据学生数多少进行合理分组；对比观察如何才能投得更准。

拓展活动：在距投掷线 3 米的地方放一个塑料桶，每组的同学听老师口令，将手中接力棒投进塑料桶，比一比哪一组投进的多，也可以比一比在单位时间内哪一组投中的接力棒的根数多，以此培养学生的团队意识。（步骤 2）

步骤 1

步骤 2

（二）力士争霸

游戏目的：提高学生在静力状态下肌肉的耐受力，培养其勇敢顽强的精神。

场地与器材：平整场地一块，接力棒 1 根。

游戏方法：学生两人一组，面对面站于 0.5 米线后，分别抓紧横放或竖放的接力棒。游戏开始后，用力朝自己的方向拉，将对方拉过线后的一方即为获胜方（步骤 3）。

游戏规则：游戏开始后双方才可用力；不许故意松手。

温馨提示：如双方力量实力相当，对持时间2分钟不分胜负即可终止比赛，易边再战。

拓展活动：借助接力棒提高手臂和手腕的力量。练习方法：接力棒上系一根绳子，再在绳子的另一端系一重物，练习者通过转动接力棒将绳子下的重物升起来。可以双人或多人进行比赛，看谁最先将绳子缠绕完成，也可以比在单位时间内转动绳子的长度（步骤4）。

步骤3

步骤4

（三）**腋下夺宝**

游戏目的：提高学生快速反应能力。

游戏方法：学生两人一组，游戏前将接力棒放在腋下，游戏开始后，既要想办法抽掉对方的接力棒，又要保护好自己的接力棒不被同学抽走（步骤5）。

游戏规则：抓住接力棒为获胜，双方交换位置；五局三胜制。

温馨提示：可以增加参与的人数和接力棒的数量，提高游戏趣味性。

拓展活动：两人一组，一人将接力棒用虎口夹住（接力棒竖着拿），然后松手，另一位学生用手快速抓接力棒，比比谁的反应快（步骤6）。

步骤 5

步骤 6

（四）万众一心

游戏目的：提高学生的协调能力，培养学生集体主义精神和竞争意识。

场地与器材：20 米直道 4 条，接力棒 8 根，软排球 4 只，标志杆 4 支。

游戏方法：全班按照人数平均分为 4 组，每组第一名学生双手各持一根接力棒夹一只软排球站在起跑线后。游戏开始后，各组的第一名同学手持接力棒跑到终点从右侧绕过标志杆，然后快速跑回，将接力棒和球交给第二名同学，站于队尾，第二名同学跑出……以此类推，以先跑完的小队为胜（步骤 7）。

游戏规则：途中跑时球掉在地上要用接力棒夹起，不能用手直接拿球；必须绕过标志物后方可返回，否则成绩无效。

温馨提示：根据不同水平阶段学生运动能力，也可以将软排球换作沙包或者其他球类；跑的距离根据实际情况进行调整。

拓展活动：托棒跑。将接力棒竖起来放在掌心上，游戏开始后，向前跑出，谁的接力棒先倒下即为失败。练习熟练后也可以用一根手指去支撑，比一比谁跑的时间长，或者谁跑的路程长（步骤 8）。

步骤 7

步骤 8

（五）你追我赶

游戏目的：培养学生的灵敏、协调等身体素质，提高位移速度和快速变向能力。

场地与器材：接力棒 32 根。

游戏方法：8 根接力棒沿直线摆放，间距 1 米左右。全班按照人数平均分为 4 组。游戏开始后，各组第一名学生绕“8”字快速跑出。到终点绕过最后一根接力棒后快速跑回，与第二名同学击掌，站于队尾，第二名同学跑出……以此类推，最后以先跑完的小队为胜（步骤 9）。

游戏规则：跑动过程不允许脚踢棒；逐根绕过接力棒，否则成绩无效。

温馨提示：根据场地距离灵活调整接力棒的间距和数量；游戏前强调安全，避免安全隐患。

拓展活动：为增加游戏趣味性，可以把接力棒摆为“弓”字形，学生快速跑过每个格子。提高学生在快速奔跑中控制步频的能力，提高移动的敏捷性（步骤 10）。

步骤 9

步骤 10

（六）奋勇向前

游戏目的：发展攀爬能力，提高上肢力量，培养学生勇敢、果断的优秀品质，增强自信心。

游戏方法：将若干根接力棒分别用两根结实的绳子拴住接力棒两端，形成“云梯”，将云梯横向升高到牢固的树干，看谁攀爬得快（步骤 11），或将“云梯”降低高度，让学生在上面走过去（步骤 12）。

温馨提示：器材要牢固，学生之间要注意保护和帮助；教师要经常检查接力棒的完好度，避免断裂发生伤害事故。

拓展活动：将多个接力棒组合成的“云梯”固定在高单杠上，依次手脚并用进行攀爬游戏（步骤 13）。

步骤 11

步骤 12

步骤 13

（七）车轮滚滚

游戏目的：培养学生合作精神和竞争意识。

场地与器材：平整场地一块，每组接力棒 5 根、40×60 厘米的木板一块。

游戏方法：学生三人一组，每组用 5 根接力棒横放在 10 米的起点线处。接力棒上面放置一块木板，一人蹲坐在木板上。游戏开始后，一生在后面推蹲坐在木板上学生的后背，让木板向前滑行，另一生将后面的接力棒向前移动，边滑行边移动，先到达终点的一组获胜（步骤 14）。

游戏规则：中途木板不能接触地面；直线行进。

温馨提示：根据不同水平阶段学生运动能力调整距离远近；注意移动接力棒时避免伤到手。

步骤 14

（八）齐心协力

游戏目的：培养学生的团队意识和合作精神。

游戏方法：10 米直道。三人一组，二人用两根接力棒交叉“搭”成“花轿”，一人坐在“花轿”上，另外二人抬起“花轿”快速向终点走或跑，先到终点的一组获胜（步骤 15）。

游戏规则：中途坐在“花轿”上的学生不能“下轿”；三人轮流坐“轿”计算总成绩。

温馨提示：小组之间要相互配合、共同完成，也可以四人合作完成。

步骤 15

（九）快乐跳跳跳

游戏目的：发展学生下肢力量，培养身体协调、灵敏素质。

场地与器材：沙坑一个，接力棒 6 组，一组 2 根，橡皮筋 6 条。

游戏方法：把长 1.5 米的橡皮筋分别系在两根接力棒的一端，系好后将另一端插进沙坑里固定，形成 20~30 厘米高度的障碍，每组间隔 0.5~1 米依次平行设置同样的 5 个障碍。游戏开始后，学生在起跳线后用单脚连续跳过障碍，以连续跳过 6 组障碍用时最少者为胜（步骤 16）。

温馨提示：接力棒要固定牢固；可采取单脚连续跳、单脚交换跳、双脚跳、单双脚交换跳等多种过障碍的练习形式激发兴趣；强调好安全，避免学生摔倒；本游戏适合低年级学生。

总之，接力棒的开发和利用不仅丰富了课堂教学内容，提高了学生体育锻炼兴趣，而且使得学生的力量、速度、耐力、协调、灵敏等方面的素质得到全面发展。

步骤 16

二、让彩旗在教学中“舞”起来

五颜六色的彩旗是学校运动会上一道亮丽的风景线，而运动会结束后彩旗也被闲置。如何挖掘彩旗的潜在价值为体育教学服务，是摆在广大体育工作者面前的问题。我将彩旗引入课堂，既有效地开发了课程资源，丰富了课堂内容，又极大地调动起学生的学习热情，从而使彩旗重新焕发出勃勃生机和活力，现向大家介绍 10 例彩旗游戏。

游戏一：我是护旗手

游戏目的：培养学生的快速反应能力。

游戏方法：（如步骤 1）全班按照人数分为 2~4 组，各组学生分别站于直径为 10 米的圆上，学生依次报数，牢记自己的号码。将一面红彩旗立于圆队形场地中央，一学生站于彩旗一侧用手轻扶（彩旗不倒即可）。圆内学生喊“正”口令后，学生按顺时针方向绕圆跑动，跑动中圆内学生喊任意数字后即松开扶彩旗的手，对应号码的学生立即跑向彩旗位置扶住彩旗，若彩旗倒，则罚其表演节目，游戏重新开始；若接住，游戏继续进行。

步骤 1

游戏规则：圆内学生声音要洪亮，口令清晰；圆上学生不许走动，要跑起来。

温馨提示：游戏开始前，可按照圆内学生的随机要求进行游戏。

游戏二：我是指挥员

游戏目的：培养学生遵章守纪、遵守交通规则的好习惯。

游戏方法：（如步骤 2）在四个不同的方向上各画 3 条 5 米的平行的直线，表示四个方向的道路，中间画一个直径 1 米的圆，作为指挥台，把全班学生按照人数平均分为 5 个队，其中 4 个队作为行人和车辆（跑步的为车辆），分布在道路上来回穿梭，1个队作为指挥员，由1人持红（红灯）、黄（黄灯）、绿（绿灯）三面彩旗站于指挥台内指挥。其他学生为监督员。在规定时间内违规少的队获胜。

步骤2

游戏规则：红灯停、绿灯行，黄灯等一等；举红彩旗时进入停车线以内的可以通过；闯红灯者自动退出；所有学生要认真练习，不能打闹。

温馨提示：指挥者可为3人，每人持一面彩旗，但要配合一致，保证信号畅通。

游戏三：紧急集合（大集结）

游戏目的：培养学生灵活、快速移动的能力，集中注意力，提高变向能力。

游戏方法：全班按照人数分为4~6队，呈圆圈队形（如步骤3），每队选一名学生持一面彩旗（颜色不同）站于圆内。第一哨响各队解散（持彩旗学生不动），其他学生自由活动（活动范围30~50米）；第二哨响，自由活动的学生原地不动，低头、闭眼，背向彩旗；第三哨响，自由活动的学生站立蹲下，持彩旗的学生在裁判指挥下交换位置；第四哨响，各队学生睁开眼睛迅速向本队队旗跑去，围着持彩旗的学生排成圆队形，先集合好的队获胜（如步骤4）。

步骤 3

步骤 4

游戏规则：在第四声哨响之前，不准睁开眼睛；持彩旗学生必须在裁判统一指挥下暗暗地交换彩旗；注意安全。

温馨提示：可以排成不同的队形，如正方形、菱形等。

游戏四：紧急行动（行云流水）

游戏目的：培养学生对时机的把握和沉着、果断的判断能力，发展弹跳力。

游戏方法：全班按照人数平均分为若干组，分别站在直径 4~5 米的圆上（如步骤 5），每组选 1 人双手持彩旗站在圆心。游戏开始，圆心的学生平行旋转彩旗，使彩旗从圆上的学生脚下通过，圆上的学生顺势跳起、落下，躲避彩旗，若碰到彩旗即退出比赛，在规定时间内，以碰到彩旗次数少的组为胜。

步骤 5

游戏规则：彩旗的旋转高度适宜；圆上的学生只能在原地跳，否则就算失败。

温馨提示：练习熟练后彩旗的旋转速度可以有变化；游戏中提示学生注意力要集中。

游戏五：翻山越岭

游戏目的：培养学生勇敢、果断的品质，增强自信心，发展跑跳能力。

游戏方法：（如步骤 6）全班按照男、女分为两组，每组按照人数分成相等的两小组，在长 50 米的场地上，每间隔 10 米设置四面不同高度的平放彩旗，女生组学生手持彩旗。游戏开始后，男生两组第一名学生开始起跑，采用跳、跨、跨、跳方式越过彩旗，第二名学生看到第一名学生到达重点的信号后（由裁判举手示意），以同样方法继续，依次进行，最先通过障碍的组获胜。然后换女生组进行游戏。

步骤 6

游戏规则：按照规定动作完成游戏。

温馨提示：女生组游戏时摆放彩旗的高度要适当降低。

游戏六：前赴后继（穿越封锁线）

游戏目的：培养学生集体主义精神和竞争意识。

游戏方法：（如步骤 7）全班学生自由结合，四人一组，每人手持不同颜色的彩旗一路纵队站立在 50 米（每人间隔 2 米）的起跑线后。听口令发出，最后一名学生迅速从一侧开始依次绕过前面 3 名学生站于队伍最前面，倒数第二名学生接着向前跑出，依次进行，先跑过终点的一组获胜。

步骤 7

游戏规则：按照排列顺序依次前行，否则成绩无效。

温馨提示：可绕过 2 名学生进行游戏，节约时间；两生之间要留出充足的距离，保证同伴的穿越；学生班额大的，可以根据实际情况进行分组。

游戏七：勇往直前（抢占制高点）

游戏目的：培养学生的团结合作意识，发展奔跑能力。

游戏方法：（如步骤 8）全班按照人数分为 4 队，成四路纵队站于相距 30 米的起跑线后，排头学生双手持彩旗。游戏开始，排头学生立即向前跑出，绕过标志物后返回，将彩旗交于第二名学生手中，依次进行，先完成的队获胜。

步骤 8

游戏规则：从标志物的左侧绕过，如碰到标志物必须扶起来再跑。

温馨提示：可两人持彩旗为一组进行游戏。

游戏八：空中截击（地空截击）

游戏目的：发展学生的灵活性，提高投掷及快速跑能力，培养学生团队意识。

游戏方法：（如步骤 9）全班学生按人数分为 4 组站于 60 米的起跑线后，每人准备一只沙包，每组选一名学生手持一面彩旗分别站于终点线上。游戏开始，排头学生手握（左、右手均可）沙包，迅速向前跑出，在 50 米线处将沙包投向本组彩旗，投中杆或旗均得 1 分，依次进行，最后以积分多者为胜。

步骤 9

游戏规则：游戏中小组成员投掷时不准投向旗手，否则每次扣 2 分。

温馨提示：旗手要注意安全。学生小组间协商，亦可以摆动旗杆截击空中沙包，直接得分。

游戏九：突出重围（突围）

游戏目的：发展学生的灵敏、协调等身体素质，提高跑的能力。

游戏方法：（如步骤 10）在场地上画一条起跑线，离起跑线 50 米内分别设立八面彩旗（间距 5 米），起跑线离第一面彩旗的距离为 10 米。把学生分成人数相等的 2~4 组，纵队站在起跑线后。游戏开始，排头学生带领本组学生进行蛇形往返跑，先跑完的队获胜。

步骤 10

游戏规则：从左侧起跑；小组全体成员跑至终点后排头带领返回跑，否则成绩无效；跑时不得碰倒彩旗，若碰倒，必须扶起来再跑。

温馨提示：根据学情，可以适当缩短距离进行游戏。

游戏十：胜利会师

游戏目的：培养学生胜不骄、败不馁的品质，发展奔跑能力。

游戏方法：（如步骤 11）在场地上画一直径 20 米的圆，全班学生分成相等的 4 组，成“十”字站在圆内，各组排头分别手持不同颜色的彩旗。游戏开始，各组排头手持彩旗沿逆时针快跑，绕一圈到达自己队伍时，将彩旗交给第二个人，第二个人接到彩旗继续沿逆时针跑，依次进行，先跑完的队伍获胜。

步骤 11

游戏规则：沿圆外跑，在圆内跑成绩无效；超越其他组学生时，必须从右侧超越，不得冲撞；接到彩旗后才能跑出。

温馨提示：若学生人数较多，可把全班学生分为8组进行游戏，活动场面更为壮观。

（原文刊发于《中国学校体育》2010年第1期）

三、体育游戏：车轮滚滚

（一）场地准备

20米直道四条。

（二）游戏目的

1. 使学生学会游戏方法，掌握游戏规则。
2. 提高学生身体协调性，增强上、下肢及腰腹肌力量。
3. 激发学生学习兴趣，学会合作。

（三）游戏方法（适合低中高年级）

学生2人一组，自由组合。两生背靠背，手臂挽手臂站于端线后，听到开始口令，甲生弯腰将乙生背起，乙生顺势双脚向上抬起（如步骤1），甲生腰伸直的同时，乙生双脚向前伸出（如步骤2），落于自己能伸到的最远端，乙生双脚着地并弯腰将甲生背起，乙生腰伸直的瞬间，甲生将双脚靠近乙生的双脚着地，顺势将乙生背起，乙生伸脚再次向前行进。用时最少的一组获胜。

步骤 1

步骤 2

（四）游戏规则

1. 听到信号后才能将乙生背起。
2. 中途双方不准交换位置，下一轮次可交换。

（五）教学建议

1. 游戏前充分活动上肢及颈、膝、腕、踝关节。
2. 男、女生分别进行，女生游戏时可以适当缩短距离。
3. 高年级学生可以适当延长距离。

（原文刊发于《中国体育报》2009 年第 10305 期）

四、运用体育游戏辅助主教材教学

体育游戏是体育活动的重要内容之一，也是体育教学中一种行之有效的辅助手段。利用体育游戏进行体育教学，可以充分调动学生的积极性和主动性，更好地实现体育课的显性目标和隐性目标。运用体育游戏辅助主教材，不仅需要根据不同的教学目的选择不同的游戏教材，也要考虑到学生人数、年龄特点、性别差异、身体素质等学情，合理运用场地器材、选择合适的游戏情节和游戏情境，遵循游戏的目的性、趣味性、新颖性和安全性原则，实现教学目标，避免为游戏而游戏。

（一）目的明确、有针对性地选择和创编游戏

用以辅助主教材的游戏，无论课前、课中、课后，其对主教材有收心激趣、正向迁移、解决重难点、巩固技术动作、拓展延伸等重要作用，教师在选择和创编游戏时都应目的明确，有针对性地进行。

1. 收心激趣

运用体育游戏进行准备活动，帮助学生从心理、生理上形成良好的身体机能状态和心理状况，把学生的兴奋性调节至一个适宜的状态，为基本部分的教学做准备。慢跑、行进操、定位操等是较为常见的准备活动内容，反复使用会使学生感到枯燥、厌倦，课堂气氛也会变得呆板沉闷。课堂上可以采用一些奔跑类的游戏，如蛇形跑、螺旋跑，跑动中的“听号抱团”“拉网捕鱼”，还有跳绳、跳橡皮筋、“猴子抢球”、“传球触人”等方法，这些游戏同样也能取得热身的效果。有些游戏既起到活动肢体、提高兴奋性、集中注意力的效果，又能有利于组织教学，例如“听口令做相反动作”“有效无效口令”“人手一球”“取球比赛”等。这些游戏形式多样、新颖，既是游戏内容又是组织教学的手段。

2. 正向迁移技术动作

具有与主教材相似或相近的动作，对主教材的学习具有正向迁移作用。如山东李悦老师提供的“身体摆英文字母”和“字母连连做”游戏，对主教材“跪跳起”就有正向迁移作用。

3. 解决重难点

针对主教材的重点或难点选择和设计游戏，让孩子在玩乐中掌握主教材。如浙江李志勇老师根据前滚翻技术中学生“团身不紧”的难点设计了“钻山洞”的游戏，通过游戏的反复练习，不仅解决了学生团身不紧的问题，而且充分发挥了学生的模仿力和想象力，激发了学生学习技术的兴趣。

4. 巩固技术动作

选择和创编一些以基本技术为素材的体育游戏，在游戏中巩固动作技能。如篮球的运球技术教学，可选用“运球追人”游戏，这种游戏的运用加大了练习的难度，但增添了练习的趣味性，有效地巩固运球技术，提高了控球能力。

5. 拓展延伸主教材

通过对主教材动作技术的应用及主教材所需的专项素质的训练，进一步加深对主教材的理解，提高学生的技能。如身体素质练习，一般动作难度小、负荷大、比较单调。采用游戏法练习，可以增加趣味性，调动学生练习积极性。如发展腿部力量的“时代列车”“立定跳比远”“蛙跳接力”“双人蹲跳”；发展上肢力量的“推小车”“平衡角力”“推人出圈”；发展灵敏素质的“打龙尾”“掷沙包”“打活靶”等游戏，可以根据不同的目标要求合理选择运用。游戏用于素质练习时，学生比较兴奋，积极性较高，教师要注意运动量的控制，防止负荷过大，同时要采取安全措施，防止出现伤害事故。

（二）选择和创编游戏时注意的四个问题

1.“吃透”主教材

只有吃透主教材，选择和创编游戏才能有的放矢。如利用信号球、照镜子、钟点球、找朋友等游戏，从上肢到下肢、从动作的快到慢、从标准的体操动作到模仿小动物的形象、从钟摆动作、丁字步站位的芭蕾手位、踢毽子、站立式起跑动作等到腿部各关节的活动，动作编排新颖、有趣，学生学得投入、开心。

2.“把脉”准学情

随着年龄的增长，学生对游戏的兴奋点会发生改变，低年龄段的学生可能倾向于情景类游戏，而高年龄段的学生则可能倾向于富有难度的技能性游戏。如低年级的学生注意力不易持久，游戏应以一般单向传递和简单的游戏情节为主，高年级学生的思维和运动能力有所提高，游戏则应在结构、组织、内容上提高难度。

3. 创编求实效

教学创编游戏，虽有创新但缺乏实效性，因此，游戏的选择要依据场地、器材的使用和配置情况，统筹兼顾游戏方式、规则与难度的变化等。

4. 目标要明确

体育游戏作为辅教材时，不能让游戏喧宾夺主，切忌在体育课堂中为了游戏而游戏、为了兴趣而游戏，导致课堂上学生所掌握的体育技能非常少，不能让游戏冲淡主教材。

（三）运用体育游戏辅助主教材的建议性策略

1. 合理分组，保障游戏趣味性

游戏往往带有比赛的性质，分组对抗也是游戏的主要组织形式，分组的合理性往往影响游戏的效度。分组对抗时要考虑组与组之间的实力均衡性，要注意学生技能水平的差异性，尽量按能力分组，否则悬殊太大，使得一方失去比赛的动力，游戏就没有了趣味性。

2. 正确运用讲解和示范，提高练习密度

讲解和示范是游戏顺利进行的有力保证。讲解是对学生讲清游戏名称、方法、动作要领、活动路线、规则要求等。而示范则是对游戏方法、动作要领、活动路线、规则等直观的展示。很多体育教师在组织游戏时只讲解却懒得示范，这样往往会让学生不甚明白而浪费许多时间。此外，教师在讲解时应注意运用富有感染力的语言，激发学生的游戏热情；示范动作要准确规范，以免误导学生。

3. 规则评价科学，体现游戏价值

游戏的实效往往体现在规则和评价上。游戏规则要关注到技术与胜负的平衡，做到游戏中有技术，技术中有欢乐。游戏是规则严谨的项目，对培养学生良好的品德、团结协作精神、顽强拼搏意志等，有着事半功倍的效果，如在不注重规则或无规则下进行游戏，容易出现“乱、杂、糟”等局面。这既不利于学生动作技术的掌握、改进、提高，也失去了游戏的育人价值。

4. 运动负荷适宜，确保身心健康

在课堂上，学生在游戏时，会不遗余力地进行竞争，一个游戏下来，学生会气喘吁吁、大汗淋漓。如果学生在游戏的过程中，运动量过大、时间过长，势必会出现体力下降、机体疲劳的现象，易出现危险和伤害事故。所以，在安排游戏时，一定要掌握好游戏的运动量，确保学生身心健康。

第三节　创新活动形式，提高身体素质

《中共中央国务院关于深化教育教学改革全面提高义务教育质量的意见》指出，“强化体育锻炼，坚持健康第一，实施学校体育固本行动。严格执行学生体质健康合格标准，健全国家监测制度。开展好学校特色体育项目，让每位学生掌握1至2项运动技能”，从国家层面上对学生的体质健康状况做了明确的要求。坚持“健康第一”的指导思想，培养学生终身体育的意识，关注个体差异与不同需求，确保每个学生受益是体育与健康课程标准的基本理念。基于此，大力开展体育活动，能够有效提升学生的身体素质，帮助学生养成良好的体育锻炼习惯，对其终身发展有巨大的促进作用。

一、体育大课间活动的影响元素和策略

大课间体育活动是学校体育的重要组成部分，是课堂教学的有效补充，既能调节紧张的学习状态，又能增进同伴的情感，促进身心健康，更是保证学生每天一小时锻炼的最佳途径。如何规范体育大课间活动内容？如何合理利用活动场地器材？如何使活动内容丰富多彩？如何让体育大课间活动的效果更好呢？

（一）影响大课间体育活动质量的元素及分析

表3–3　影响大课间体育活动质量的元素及分析

影响元素	外在表现形式	产生的不良后果
管理者	重文轻体，“文化成绩第一”的思想严重，追求升学率，不重视学生体质的健康发展。	大课间体育活动缺乏科学有效的实施方案，学生体质较差，运动能力和运动水平较低。

续表

影响元素	外在表现形式	产生的不良后果
体育教师	身在课堂心在课外，有想法无行动，因循守旧，缺乏奉献精神、实干精神、创新精神。	思想不稳定、心思根本放不到体育课上，没有静心思考如何开展好大课间体育活动。
活动内容	机械地重复一样的动作，活动内容没有新鲜感、创造性。组织形式无创意，随意性强。	单调枯燥，学生疲于应付、无精打采，造成动作不规范、不到位，胡打乱闹。
制度评价	对大课间活动制度不明确、不具体、难操作，评价措施不疼不痒，缺乏激励措施。	不能调动体育教师的积极性和主动性，干好干坏一个样，干和不干一个样。
文化氛围	学生对大课间活动意识淡薄，不知道活动什么，不清楚练习内容，不知道练到什么程度。	校园内见不到体育大课间活动文化氛围，宣传效应不够，主动锻炼意识不强。
团队意识	体育大课间活动组织仅仅是体育教师的事情，事不关己高高挂起。	体育大课间活动一人看、多人练、一群乱。

（二）体育大课间活动实施与提升的六点策略

1. 学校管理者是开展好大课间体育活动的“提速器”

学校领导层面要统一思想、达成共识，把大课间体育活动作为教学计划的重要组成部分，落实活动时间和管理人员，明确职责，购置大课间活动必需的器材。构建“校长督查—教导处负责—班级量化—星光大道—跳绳文化节”体育大课间活动管理模式，制定了《“初级花样跳绳”大课间活动实施方案》《大课间活动优秀班级评选办法》《“初级花样跳绳”星光大道评比细则》等。在实施过程中，发现问题，集体会诊，提出整改意见，集思广益、群策群力，保证大课间体育活动高效开展。

2. 体育教师是开展好大课间活动的“设计师”

第一，端正思想，身体力行。体育教师的正确态度是体育大课间活动常态化、实效化、持续发展的重要保证。体育教师要根据学校计划，结合学校的场地、器材、体育传统特色等具体情况制订具体的体育大课间活动实施方案，包括活动内容、进退场设计、场地安排、器材分配、人员分工、评价办法、信息反馈等。

第二，精心研究，想创新、能创新、会创新。“喜新厌旧”是小学生的共同特点，体育教师要在征求其他老师与学生合理意见和建议的基础上，对大课间活动活动内容、组织形式、背景音乐等进行不断的调整、完善、创新，以激发学生的参与热情，提高活动的质量，有效避免产生枯燥感。

3. 丰富多彩的活动内容和灵活多样的组织形式是开展好体育大课间活动的“润滑剂”

初级花样跳绳体育大课间活动内容安排顺序如下。

集体活动一：绳操（4′ ）→集体活动二：单、双脚单飞跳（2′ ）→集体活动三：1 分钟跳绳→群星闪耀：“升级大比拼”跳绳活动（7′ ）。根据全校学生的运动水平能力分组练习或循环练习，掌握上一级跳绳项目的学生可以进入下一级跳绳项目的练习。单脚单飞跳→双脚单飞跳→单人“8”字跳绳→双人跳绳→集体跳大绳→“海底捞月”→多人“8”字跳绳→穿越“封锁线”。在充满激情和动感活泼的音乐下，引导学生自练、自编、自创花样跳绳内容和过绳形式，在跳绳的过程中不断产生新思路、新创意、新想法，总结、完善、提升、推广。

4. 多元评价是开展好大课间活动的“加油站”

大课间活动必须制定规范的评价体系，以促进其更好地发展。一是抓实常规，每日由值日班长巡查，根据各班级学生在集合速度、出勤人数、活动情况等锻炼中的表现客观评价，检查结果“日评周评月评”，每月按名次颁发流动红旗。二是学校定期评比制度，定期组织比赛，成绩作为评定优秀班级和优秀班主任的依据和指标。三是组织“星光大道”评选，评选周冠军、月冠军、学期冠军和年度冠军，激发学生对跳绳运动的兴趣。诚然，评比只是一种手段，激励才是活动的根本目的。

5. 浓厚的文化气息和文化底蕴是开展好大课间活动的“助推剂”

一是加强阳光体育大课间的宣传工作，牢固树立“健康第一”的指导思想。基于我校初级花样跳绳大课间活动的开展，组织了摄“跳绳”乐、绘“跳绳”梦、话“跳绳”史三大系列活动，利用学校广播站、宣传栏、黑板报等宣传有关花样跳绳知识、方法和技能，营造健康、和谐的校园体育文化氛围。二是开展“跳绳知识知多少”活动知识竞赛，帮助学生了解跳绳发展史、规则、赛事等知识，加深学生对校园跳绳文化的理解和认识。

6. 团队凝聚力是开展好体育大课间活动的重要保障

大课间体育活动时，由于学生参与活动的人数较多，活动范围较大，往往造成你推我挤、言行脱节、不遵守纪律的现象。因此，体育大课间活动需要全校师生的共同参与、共同合作。我校在实施体育大课间活动中，学校领导、体育教师和班主任、其他教师等多层面分工合作，与学生共同练习，随时纠正学生存在的问题，及时记录学生跳绳的数据，合理安排学生的运动量，学生练习时的组织纪律良好。

总之，体育大课间活动的开展要立足学校的实际情况、校本特色和区域特点，遵循学生身心生理发展规律，根据学生的具体情况和个性差别，开发科学合理适用的体育大课间活动内容，培养学生积极向上的人生观、健康心态和文化素养。

（原文刊发于《中国学校体育》2015 年第 1 期）

二、环环紧扣，提高身体素质

学生身体素质，一直以来是社会、学校、家长关注的话题。诚然，学生速度、灵敏度、力量、柔韧度、耐力以及体质不同程度的下降既有学生自身的原因，如先天因素、年龄因素、性别差异、疾病等，也有家庭的因素，如遗传因素、饮食因素等，也有学校环境的因素，如体育师资、体育活动场地和器材不足，以及应试教育下的升学压力等。如何有效结合提高学生身体素质?

（一）务实高效的体育课堂，是有效提高学生身体素质的“主战场”

在体育课的学习中，教师要以学生为中心，准确把握教材重点、难点，注重教法、学法、练习形式的灵活多样，提高学生自觉参与的兴趣与能力，这是有效提高学生身体素质的基石。

1. 要有明确的教学目标

每次授课前，教师要制定明确的目标及要求，以防止练习的盲目性、随意性。根据教学目标制定合理的素质练习，定目标、定时间、定地点、定内容。如 1 分钟立卧撑、连续半蹲跳、跳绳、5 分钟运球跑、多级立定跳、仰卧起坐、俯卧撑、推小车等。各种身体素质之间相互影响、相互促进、相互制约，并且素质之间具有迁移性，不同的年龄阶段发展的素质也是不同的。

2. 教法、学法指导多样化

学习兴趣能推动学生去寻求知识、开阔眼界，也能激励学生克服懒惰心理，使参与身体素质锻炼的积极性和主动性得到最大的发挥。论坛多数老师认为，在授课中应根据学生的年龄、个性和环境条件，因地制宜、因人而异，采用多种形式的指导、帮助、启迪，激发学生练习的主动性、积极性。如，合理利用自然地形。利用坡道的自然地形跑，培养速度素质，利用深坑的单、双脚跳培养力量素质等；或者发动学生自制、开发有效体育器材。如收集废弃的自行车内、外胎、汽车轮胎，涂上色彩鲜艳的油漆，将其变废为宝，通过设计抛、投、追、跳、摆、背等游戏，针对学生的敏感期，进行科学安排，主动积极引导学生练习的同时提高身体素质。因此，兴趣是学生从事体育活动的内在动力，教法、学法指导多样化是提高身体素质的催化剂，也是学生刻苦锻炼的原动力。

3. 练习形式多样化

教学中，教师要设计多种多样的练习形式，改变单一的练习方式，讲练同进，启发学生积极动脑、动手能力以及合作探究能力，逐步提升学生

“实践—认识—再实践—再认识”的认识规律。根据中小学不同水平阶段的教学内容、教学目标，教师不仅要设置单人的、双人的、多人的形式多样的组合练习，还要及时了解练习的结果，对练习结果积极评价，多鼓励，少批评，从而在不同水平段、不同教学内容的体育课中提高学生的身体素质。

（二）丰富多彩的体育活动，是有效提高学生身体素质的“主阵地”

《学校体育工作条例》要求，中小学校要保证学生每天一小时体育活动的时间。可以看出，每天一小时的体育活动与锻炼，把学生的身体素质练习由课堂内向课堂外延伸，这也是提高学生身体素质的根本保障。因此，作为体育教师，在保障提高课堂教学效率的同时，也要抓好学生每天一小时体育活动这块主阵地。

1. 早操

早操可以使学生由抑制状态逐渐进入积极活动状态，提高中枢神经系统的机能水平，改善肌肉组织的能量供应，使大脑皮质的兴奋与抑制的转换能力提高。中学早操可以采取慢跑或变速跑等提高身体素质的简单练习，这是培养学生吃苦耐劳、发展耐力素质最直接、最有效的途径之一。

2. 大课间

大课间活动是全校学生都要参加的活动项目之一，针对学校人数多、场地小的现状，在选择活动内容时，可以采用“全校集中—分年级—分班级—分项目活动”的形式，进行广播操、体育趣味活动、球类、棋类、跳绳、技巧、自编徒手游戏、器械操等形式多样的活动，有合有分，全员参与。不仅练习内容的趣味性、普及性、简便性、健身性和娱乐性融为一体，而且符合学生身体素质发展的实际情况和实际需求。

3. 阳光体育活动

教师应对学生的体育活动进行悉心指导，培养一批体育小骨干，重点辅导体弱学生进行体育锻炼，提高学生身体素质，切实开展每天的“阳光体育活动”，吸引中小学生走出教室、走向操场、走进自然，沐浴阳光，积极主动参与体育锻炼，让学生真正动起来。

4. 课外活动

课外活动以学生为主体，组织开展集游戏性、竞争性、观赏性、团体性于一体的活动，打破年级、班级的界限，根据年龄和运动项目，还有学生的爱好自主选择参加各种体育兴趣小组，进行田径、篮球、乒乓球、跳绳等项目的活动，如长跑组、篮球组、投掷组等，或者组织师生篮球对抗赛、拔河比赛、绑腿跑、跳绳等。

（三）精彩纷呈的体育竞赛，是有效提高学生身体素质的“助推器”

体育比赛是激励学生、调动和激发学生练习积极性、提高身体素质的重要手段。如，课内对抗赛、班间对抗赛、年级对抗赛、学校大型集体体育比赛等。班级之间的比赛，如跳绳比赛、冬季越野赛、仰卧起坐比赛、立定跳远比赛等，提高学生在体育课练习中的积极性；学校每年定期开展春、秋季运动会，或趣味运动会，增加适合不同层面学生兴趣爱好的体育项目，全员参与，让学生有更多的体育实践机会，在展现自我中，增强体育锻炼的信心，有效提高身体素质。

（原文刊发于《中国体育报》2011-2-11）

三、高标准、高水平办好学生体育联赛的建议

中小学体育联赛对增强青少年身体素质，夯实竞技体育后备人才培养基础，对促进青少年全面发展起到重要的作用。结合中小学体育联赛中出现的实际问题，以及在参加上级体育联赛中存在的问题，提出如下建议。

（一）充分认识开展中小学生体育联赛的重要意义

中小学体育联赛促进学生积极锻炼身体，提高身体素质，储备竞技体育后备人才。随着联赛的推进，社会对联赛水平的要求会逐渐提高，只有改善各学校的训练管理体制，提高训练水平，增加队员的比赛经验，才能提高联赛的水平，达到学校体育与竞技体育接轨的目的，在增进学生健康的基础上为上级培养储备优秀后备竞技体育人才。

（二）加大体育联赛的宣传力度

积极正确的舆论导向宣传对联赛的健康成长具有不可或缺的作用，是影响联赛发展的重要因素。要在全社会尤其是教育部门加大宣传力度，积极引导社会舆论，扭转部分教师、家长、青少年不重视体育锻炼的思想观念，形成社会、学校、家庭共同关注学生体质健康，大力支持学生参加体育锻炼和课余训练的良好风气。

（三）抓好体育联赛和梯队建设

1. 抓梯队、储后备

精心选拔队员，建立学生运动成绩原始档案。针对不同学生制订科学有效的训练计划，结合学生身心特点、认知水平、运动能力，从训练内容、训练时间、训练任务上做出具体、细致、周密的部署和安排，遵循运动技能，形成规律，认真组织好训练。要采取多种有效形式，构建“小学—初中—高中”或“低—中—高”不同水平阶段的重点队员培养递进模式，每个水平阶段都有相应的运动员，后备力量储备充足，抓好梯队建设。

2. 抓指导、重落实

体育教研员或体育组长要建立工作日志，除承担的训练任务外，每周不少于两次业务指导。有具体的指导意见和帮扶措施，每次业务指导记录后有被指导教师的签字；每月对重点体育项目训练开展情况进行总结，做到有检查、有记录、有指导。重视工作总结和日常训练、比赛、照片等资料的积累，更好地指导今后的训练。

3. 搞比赛、促提高

要制订切合实际的联赛实施方案，合理安排时间，积极组织，强化训练，经常开展校内班级、年级和校际的各种比赛，积累经验，开展友谊赛、对抗赛、挑战赛等多种形式的校园体育活动，充分发挥体育竞赛的激励作用，在相互交流、相互学习、相互促进中不断增强团队意识，努力提高竞技水平，在推广中探索，在普及中完善，在竞赛中提升。

（四）加强教练员培训力度

首先，建立和完善教练员培训制度，以保证最大限度地激发教练员工作的积极性；其次，可以采取“请进来”“走出去”的培训及管理办法，“请进来”是指从外部请进国内外著名的体育专家举办讲座，或引进新的训练方法，“走出去”是与先进省市和体育院校合作，每年采取定期或不定期等形式组织教练员对训练计划、训练内容和训练措施等系统地、连贯地集中学习。同时，也要注重“请进来”和“走出去”的有机结合，注重培训后交流和巩固效果等。

（五）保障经费是体育联赛常态化发展的关键

市县中小学体育联赛的正常开展是省级联赛开展的基础，必须有充足的经费保障市县联赛的正常开展和日常训练，保证联赛的可持续性发展。联赛项目经费主要用于办赛和运动队的奖励，不得挪作他用。因此，市县代表队在参加上级体育联赛时，参赛代表队的生活费、体检费、车船费、注册费，以及师生的意外伤害费、训练补助等由上级部门支付，以减轻市县承担体育联赛任务经费的不足，更好地完成比赛任务。

（六）建立完善的评价机制和奖惩制度

建立完善的评价机制和奖惩制度是实施体育联赛科学管理的重要环节。中小学体育联赛要制定可操作的奖惩制度，鼓励体育教师干事创业。确保组织人员有落实、活动内容有安排、场地器材有保障、安全及医务监督有保证，充分调动全体师生的积极性，提高训练质量，同时对在各级联赛中取得团体好成绩的学校，给予一定数额的经费或体育器材方面的扶持。采取定期、不定期地进行督导、检查和考核，作为教育综合督导、体育专项督导、学校办学水平评估和年度考核的重要指标，并与业绩考评、评先评优直接挂钩。

（原文刊发于《运动》2013 年第 19 期）

四、解决农村学校体育器材短缺三部曲

体育器材的短缺对农村学校来说是个不争的事实，是影响体育教学的瓶颈之一。造成中小学场地器材短缺的原因是什么？解决中小学场地器材短缺的措施有哪些？“等、靠、拿”的思想实不可取，作为体育教师，要打开思维，积极动脑，发挥自身优势。

（一）中小学场地器材短缺的原因

首先，受国家经济发展的不均衡性影响，区域差异较为明显，造成资金投入不足，导致体育器材失去了应有的经济保障，偏远农村山区学校根本就没有其余器材；其次，受应试教育思想意识的影响，体育学科得不到各级教育部门、社会、学校、家长、学生的认同与重视，体育器材投入力度不够，有的学校领导担心体育器材被学生玩坏了索性就将器材锁进橱子里闲置起来；再次，单位购置的体育器材有数量无质量，购进的器材质量低劣，有些器材用过几次后出现破损、爆皮、断裂现象；最后，器材管理

不到位。有些体育器材管理员管理维修意识淡薄，不能及时更换维护，造成器材的流失与过度利用，导致器材短缺。缺乏严格的管理造成体育器材不能安全有效地使用，更不能保障器材的普及性、实用性、多功能性的实现。

（二）解决中小学场地器材短缺“三部曲”

1. 学校购点

由于农村学校经费紧张，大量购买体育器材是不现实的。首先，学校利用上级检查、督导学校体育工作的机会，积极向上级教育主管部门提出申请，“买必需的”“购实用的”，专人负责，保证购进的器材质量用得起、使得住、管得严。其次，利用召开春秋运动会的契机，将平时上课能用到的器材设为比赛项目，“诱引”校领导为了运动会而“忍痛割钱”，达到补充器材的目的，“滴水成河”，逐年增加，学校领导也会欣然接受。

2. 教师做点

一是体育教师要善于做有心人，调查生活中可利用的、农村特有的丰富资源，制作简易、实用的体育器材，如利用方木、铁钉制作跳高架、跨栏架，利用农村富有的编织袋制作“跳高垫”“足球”“排球”“篮球”“实心球”“垒球”，用树桩制作“山羊”，用破布缝成沙包等。二是发挥体育器材“一物多用”“一用多物”的功能，解决体育器材品种少的问题。如，栏架既可以用来跨栏，又可以用作投射门，还可以用作钻越的障碍等；体育教师要根据场地、学校特点灵活选用体育器材，贴近学生的现实生活，既为学校节约了经费，又能培养学生勤动脑、勤动手的创新意识，增加趣味性，提高学生的练习积极性。

3. 学生凑点

对于学生来说，兴趣是最好的老师，玩耍是学生的天性。针对器材不足的现状，教师可以积极引导学生每人带四件器材：毽子（用禽毛做）、沙包（旧布缝制）、跳绳（麻绳）、皮筋，开展丰富多彩的体育活动。此外，根据学生家庭经济收入情况，采取自愿的原则（坚决不能强制），购买一些价格便宜的体育器材，教师登记造册，上课时巧妙安排、合理使用，学期末或上课结束后学生带回，利用节假日进行锻炼。

场地、器材是体育教育的基本资源，也是影响和制约体育在学校中开展的重要因素。器材的短缺不能成为我们不认真开展体育教学的借口，作为一线的体育教师，应该结合各地的条件，因地制宜、开拓创新，以学生的需求、兴趣、能力及已有的知识经验为基础，充分体现学生的主体地位，考虑学生在运动练习过程中的安全性，发挥自己的聪明才智，以及教师队伍的团队配合精神，群策群力，让器材短缺不再成为体育教学的“拦路虎”。

（原文刊发于《运动》2014 年第 15 期）

五、化解学生参加课余体育训练与文化课学习矛盾“四策略”

中小学课余体育训练对于发展学生兴趣特长、培养体育后备人才、培养学生体育核心素养和终身体育意识具有积极作用。在课余体育训练中，体育教师的责任意识与敬业精神、学生的兴趣保持和坚强的意志力、家长的认同和支持、班主任的协调、任课教师的理解、学校领导的支持和帮助，对开展好课余训练起着重要的作用。影响学生参加课余体育训练与文化课学习的矛盾因素有哪些？如何化解学生参加课余体育训练与文化课学习的矛盾？

（一）爱岗敬业，身正为范

体育教师除了完成体育教学外，主持课余体育训练也是重要的职责之一。由于受外部环境的影响，部分教师对课余训练还没有引起足够重视，存在被动应付的现象，在低效机械的重复下，学生跟随老师的情绪也失去了对训练的兴趣，从而也影响到学生文化课的学习状态。靠什么吸引学生参加训练，并把学生留住？我们需要做哪些努力？这也是化解学生参加课余体育训练与文化课学习的矛盾的关键所在。体育教师应发自内心地珍惜自己的工作岗位，把体育课和课余体育训练作为喜爱的事业，用渊博的学识激发学生学习文化课的求知欲和上进心，科学合理地制订课余体育训练和文化课学习计划，端正学习态度，用自己的工作热情感染学生，用形式多样的练习手段激发学生，用幽默的语言、优美的示范带动学生，明确学习目标，训练与学习相互促进、共同提高。除了利用课外活动时间训练，也可以利用双休日、节假日训练，减少训练对文化课学习的影响。

（二）立德树人，帮扶到位

体育训练是身心参与，提高运动能力和运动技术水平，磨炼意志力和拼搏精神的考验过程。课余训练次数、训练强度、训练时间等因素对学生文化课的学习往往会产生不同程度的影响。论坛老师们认为，教练员一定要对自己的队员负责，在训练中不仅要关心学生的训练成绩，还要关心他的学习成绩以及生活中的行为习惯，多提醒并鼓励。如课外体育训练时间长，运动量大，运动方式方法不科学等，导致学生上课迟到，精神疲惫或上课注意力不集中，造成恶性循环，学生产生抵触情绪。因此，作为体育教师，在科学进行课余体育训练的前提下，要多留意、多观察学生的思想变化和文化课的学习成绩，对于学生在训练和文化学习中出现的困难及时点拨和帮助，让学生明白文化课学习和体育训练同样重要，德智体要全面发展。

（三）交流沟通，争取支持

学生家长是学校教育的重要力量，也是化解学生参加课余体育训练与文化课学习矛盾的理解者和支持者。有的家长认为，学生的精力和时间是有限的，进行课外体育训练会分散学生的文化课学习时间。学生喜爱参加课余体育训练，如果得不到家长的支持和帮助，学生的思想和行动也会摇摆不定。

1. 多交流增强信任

体育教师要和家长经常交流学生的训练情况，利用面对面、电话、微信群等多种渠道充分沟通，认识到适当的体育锻炼可以提高学生的反应能力，促进其思维敏捷，集中注意力。让家长充分了解学生的训练效果，了解学生在训练中取得的运动技能、运动成绩、意志品质等进步，认识到体育训练对身体健康的必要性和重要性，赢得家长的支持，让家长看到学生在课余训练前后，运动能力和运动水平、学业成绩的变化，课余训练不仅不会影响文化课学习成绩，而且更能促进学生学习的积极性和主动性。

2. 勤沟通争取支持

体育教师要和班主任、任课教师多沟通，有的班主任认为，学生参与体育训练会导致学生的文化学习时间减少和班级管理难度加大，导致班级学生整体成绩的下降，影响班主任的班级排名等。因此，体育教师要把自己的课余体育训练计划和大家交流和沟通，和班主任协调安排好学生文化课与体育训练的时间、帮扶措施等，文化课学习和课余体育训练有机结合起来，相互理解，让科学适宜的体育训练对学生的文化学习起到提高和促进作用，共同解决好班级管理、按时完成作业等问题，教育学生按时参加课余体育训练，做守规矩、守纪律的文明学生，保质保量地完成体育课余训练和文化课学习。

（四）及时汇报，形成特色

课余体育训练是学校教育的重要工作之一，是展示学校办学特色、构建体育特色学校的重要载体。由于受“唯成绩论”的影响，学生终身体育的意识淡薄，重文轻体的现象不同程度存在，部分学校对课余体育训练重视不足，课外活动时间安排文化课和课后辅导，学生锻炼成为一句空话，对学生体质健康、运动成绩造成严重影响。

作为体育教师，要在学年初就制订出自己的课余体育训练计划，向学校领导汇报自己的训练打算和目标，特别是平衡课余体育训练和文化课学习的具体的、操作性强的做法，引起学校领导的重视。同时，在训练中严格要求，努力工作，邀请校领导观摩学生的训练情况，让学生为校领导介绍自己在课余体育训练和文化课学习中取得的成绩，展示出学生良好的精神面貌，把课外体育训练成果在全校普及，成为学校体育的名片，赢得领导的大力支持，化解学生、家长、班主任三者的矛盾。

作为学校，也要建立起课余体育训练和文化课学习的相关制度，制定课余训练安全保障措施，重视课余训练，将课余体育训练计入体育教师的工作量，激发体育教师工作的主动性和创造性，使课外体育训练和文化课学习不再成为“矛”与“盾”。

第四章 »

育人之道：我的学生我来成就

教育是爱的事业，只有心中有爱，才会赢得学生的尊敬和爱戴；只有热爱学生的教师，才能热爱教育事业。作为体育教师的我们，成就的不仅仅是学生健康的体魄和身心，更为关键的是成就了学生坚毅的品格。走入学生的内心世界，了解学生对体育课的需求，在与学生共同成长的生命历程中，我们真心付出，认真倾听，体悟发生在自己教育过程中的精彩！

第一节　关注心理健康，呵护心灵成长

随着社会的快速发展，学习压力和竞争力的增大，心理上出现问题的学生越来越多。学生心理健康存在的主要问题及表现为：喜怒无常，情绪不稳，自我失控，心理承受力低，意志薄弱，缺乏自信，学习困难，注意力不集中，思维贫乏等不良现象，并在行为上出现说谎、厌学、逃学，严重的出现自伤或伤人现象。如何充分利用体育课的教育性、竞赛性、协同性和交往性等特点培养学生的参与意识、竞争意识、意志品质、团队协作精神和自控能力等，促进学生个性和谐发展，是体育教师必须认真思考的问题。

一、学生是学习的主人

阳春三月，风和日丽，暖暖的阳光映着孩子们的脸庞。自由活动时，每人手中持着一个个自制的小风车，兴奋地奔跑着，红红的脸蛋像绽开的桃花，你追我赶，好不热闹。而我却正在为这节枯燥的课烦恼着……

“老师，我想组织咱班的同学做个游戏，好吗？”小雨怯怯地看着我说。

“好啊，去和同学们商量一下，我来给你们当裁判。”听到我鼓励的话语，小雨顿时眼前一亮，满怀信心地跑向同学们。

一堆脑袋瓜碰在一起，叽叽喳喳一阵后，游戏开始了。同学们分为两组，各自在起跑线后站成一排。“嘟”，哨声一响，前面的同学手持小风车，迅速地向前冲出去，绕过足球门的立柱折返跑回，把小风车传给第二个同学，第二个同学紧接着向前跑出……突然，大旗同学绕足球门时摔倒了，只听同学们大声喊起来：“起来，加油！起来，加油！”大旗趴在地上犹豫了一会儿，使出浑身力气站起来，继续向前跑去。“加油！加油……”同学们用力拍着手掌，大声地为他鼓劲加油…… 比赛结束了，我看到大旗走路时虽然一瘸一拐的，可脸上洋溢着灿烂的笑容。

这是发生在一年级体育课上的一幕，虽然说不上有多么精彩，却解决了体育课上“往返跑”枯燥无味的难题。

这节课是成功的，于孩子来说，他们收获了团结，于我个人来说，带给我很多值得思考的问题。我们一直在讲合作，可是纵观我们的教学实践，学生是如何合作的？课上学生围坐在一起就美其名曰：合作学习，可是，当你走近时，你会发现，学生只是形式上坐在了一起，他们只知道“老师让我们这样做”，而从没想过“老师为什么叫这样做”。他们是被动的，不思考不积极，根本不可能有有价值的收获。其实，合作学习应该是学生的主动行为，也就是说学生在学习的过程中想要去合作，这样即使不围坐在一起，也会有效果。像这节课上，起初我并没有学生分组比赛的想法，而学生的主动参与，让这节本来很枯燥的课变得趣味横生。

学生是学习的主人，在日常的教学活动中，教师的教是外因，学生的学是内因，外因必须通过内因起作用。小组合作学习活动为学生提供了积极、平等参与的机会，学生只有主动认知、主动实践、主动参与，才能达到掌握知识、培养能力、发展自己的目的。学生是学习和发展的主体，在教学过程中要树立学生主体观，要充分发挥学生学习的主观能动性和调动学生主动参与教学的积极性，科学地处理好教与学的关系，以人为本、以学生为主体。在合作学习中，要有效地促进学生的主体性发展，充分体现学生的主体性，要把时间和空间留给学生，使学生做课堂学习的主人。

新课程标准提倡学生的自主性、主动性，在合作中探究，在探究中成长，有的教师认为无从下手，发生在课堂上的这一幕，不正是对这一要求的诠释吗？今天发生的，正是我们渴求的，追风少年，快乐无限！

（原文刊发于《中国体育报》2009 年第 10201 期）

二、谁爱孩子，孩子就爱谁

新学期，我接手了五年级一班的班主任工作。上第一节课时，我发现第二排的一位学生两眼无神、目光呆滞地坐在座位上，手中不停地转动着一支圆珠笔，丝毫没有学习欲望，我的心中很是疑惑，难道他对我的教学不感兴趣吗？还是有其他原因？我继续上课……

课下，经过询问前任班主任，我了解到这名学生叫小军，升入四年级后感到学习困难，第一学期期中考试数学不及格，所以学习兴趣骤减，还迷上了电视和小说，上课感到疲倦和困乏，有时连教科书也不打开，平时很少参加课外活动，性格比较内向，独立性较差，缺乏目标和追求。周六下午，我和小军来到了他家中，询问他的父母后了解到，小军小时候比较腼腆怕生，常常一人待在家中，缺乏人际交往的经验，一二年级时成绩中等，他的父母在家务农，收入一般，母亲和姐姐比较关心他，父亲则比较严厉，他对父亲有畏惧情绪……

“关注学生个体差异”，“在高度关注对所有学生进行激励与指导的基础上，针对不同身体条件、运动基础和兴趣爱好的学生因材施教，增强学习的自信心”是《义务教育体育与健康课程标准（2022年版）》的课程理念，如何科学合理地帮助学生树立自信心呢？

首先，建立互相信赖的关系。我根据该生的个性特点，仔细询问，让他尽可能地表达内心的想法，认真倾听，表现出理解和尊重，尽可能消除彼此间的陌生感，达到心理上的共情；在此基础上，通过交谈，帮助他了解自己的性格，及其与当前学习状况之间的联系；同时，调动情感因素，引导他进行积极的自我评价，对学习成绩不理想的现状进行正确的分析，激发学习的内驱力。

其次，共同讨论、设定学习目标。我根据小军当前的自身状况，调整期望值，制定最低目标和最高目标，在最低目标中设定几个小步骤，如数学及格、语文及格等。对成绩的提高给予及时表扬，不断强化建立起来的自信心。

最后，根据小军的认知特点，找出适合他的学习方法，辅导其不断强化自己的学习动机，逐步培养起对学习的自我管理和调节能力，同时配合人际交往方面的辅导，鼓励他消除顾虑，走出内向孤独的阴影，积极与人交往，培养活泼开朗的个性，进而从健康的人际交往中体验到乐趣，为自己营造良好的情绪氛围，以稳定、积极的心态促进学习兴趣的恢复。

第二学期期中考试后，小军数学成绩及格，语文、英语成绩良好，他激动地跑到我的面前，双手高举着试卷，眼中含着激动的泪花……逐渐地，小军恢复了对学习的信心，并且还能够自觉制订学习计划和目标，在人际关系方面，开始主动与班级同学接触，积极参加各项活动，性格也日渐开朗，在学校组织的各项活动中有较好的表现。

教育根植于爱，尊重学生、热爱学生是班主任搞好教育工作的前提，也是教师自身修养的一个重要方面。班主任应时刻把学生当作朋友，以感情为纽带，让学生体会到你在关心他、爱护他，和他们进行亲密的思想交流，让他们真正感受到老师的亲近和“爱”。平等地对待每一位学生，绝不能凭成绩好坏定优劣，成绩较差的学生，更应宽容，善于发现学生身上的“亮色”，及时给予表扬和鼓励，让他们觉得付出一滴汗水，便会有一分收获，使其尝到成功的快乐，逐渐爱学、乐学、会学。

高尔基说过：“谁爱孩子，孩子就爱谁，只有爱孩子的人才会教育孩子。”作为班主任，我深爱着我的学生，正是这种爱，拉近了师生间的距离，使很多同学和家长遇到问题愿意向我倾诉；正是这种爱，使我的学生也学会了爱，爱父母、爱师长、爱同学。爱是一种情感交流，当你把炽热的爱通过一言一行传给孩子时，就会激起孩子对你的情感回报，从而乐于接受你所给予的一切。学生厌学是学生个体的问题，同时也是一个复杂的社会问题。帮助学生消除厌学心理，需要社会、家庭、学校及学生之间的相互配合，共同营造一个重学、乐学的环境，并不断从正面对学生良好的学习态度和行为给予强化。每个学生厌学的起因、程度和表现各不相同，应个别帮助，使每一个厌学者能够克服心理障碍，调整学习心态，主动愉快地对待学习。班主任应像心理医生那样和蔼可亲、细致入微地体察学生的内心世界，消解学生的心理压力，引导学生剖析自己的心理，学会调节情绪，增强认识自我、了解自我的能力。对犯错误的学生，不挖苦、不歧视，注意发现他们的闪光点，多接近他们，让他们感受到老师同样信任他们、爱他们。

“每个孩子都是独一无二的，都是一个完全不同的世界。”的确，每个孩子在教师的眼里，都是一本丰富多彩的书，让我们用眼光、用心灵、用双手与孩子沟通，用爱心去解析孩子的心，让孩子用童心读懂老师的真情，让我们献出一颗真心，托起每一个孩子美好灿烂的辉煌明天！

三、“雅座”设不得

突如其来的一场大雨，打乱了我已设计好的《快乐跳绳》教案和计划，匆匆赶到四年级一班教室准备给学生上室内课。走进教室，呵，只见小亮坐在最前排，和讲桌紧挨着，我不由疑惑重重。趁上课的铃声还没有响，我先“侦察一下”。

“小亮，你怎么坐到这儿来了啊？”我不问不要紧，话刚一出口，只见他的眼圈一红，仿佛有一肚子委屈向我倾诉。“老师，因为他又没有完成作业，那是我们班主任专门给他设的‘雅座’。”前排的李明宇对我说，其他学生也随之附和着。顿时，小亮强忍的泪水奔泻而下，趴在课桌上“呜呜”哭起来。我俯下身子，轻声对他说：“知错就改就是好学生，对吗？”小亮慢慢抬起头，用力地对我点了点头。“来，老师帮你撤‘雅座’。”我边说边把他的课桌放到他原来的位置，小亮嘴角露出一丝微笑。“丁零零——”随着上课的铃声，同学们全身心地投入活动中……

课下，我翻阅了《汉语词典》，“雅”的意思是雅言，也亦合乎规范的、正直；“座”指入座、宝座等意。“雅座”一词解释为剧院、餐厅里较精美而舒适的座位。生活中，在宴请时为了表示诚意常把客人让到雅座的位置。对于把学生让到“雅座”上，却是首创！“一切为了学生，为了学生的一切”，这似乎是一句很平常的话，但当我想起“雅座”后，我扪心自问：我做到了没有？我们的老师做到了没有？

后进生同优秀生、中等生一样渴望进步，他们需要的是热情鼓励，不是讽刺挖苦。作为教育工作者，要善于了解他们的学习状况，观察发现他们的“闪光点”，作为教育转化他们的突破口和推动其前进的动因。记得去年我兼职任教三年级数学课时，班上转来一名叫段成的学生，门门功课30多分，我与班级的其他教师认真分析了段成的生活、学习情况，及时与家长进行了沟通，经过一学期的努力，他的功课全部及格，学期末，数学成绩竟然考了89分！同样，语文72分、英语92分！事实证明，后进生并不是一无长处的“坏孩子”，更不是智商低下、不可教育的“低能儿”。

我们的体育课上，因为学生的年龄、身体、心理等状况，也不乏理解能力、运动能力差的学生，也不时会冒出调皮捣蛋的学生，做出一些让我们始料不及的“恶作剧”，但我们应该对这些学生有更多的“偏爱”，鼓励他们课堂上积极发言，多给他们展示自我的机会，让他们感受到被表扬的快乐，而千万别再给他们设“雅座”。

教育凝聚了人间所有的“爱”，用真爱之心对待每一名学生，让学生享受在爱的雨露中茁壮成长，把“一切为了学生，为了学生的一切”落在实处。

（原文刊发于《基础教育改革论坛》2012年第6期）

四、“青蛙”跳进课堂

“丁零零——”上课铃响了，我信心十足地走进教室。

“呱、呱、呱……”迎接我的不是“老师好”，而是三个一群，五个一伙地头挨着头在课桌上吹着什么东西，同时嘴里发出青蛙的叫声的学生，他们好像根本没听到上课铃声。

“老师来了！”杜伟喊了一声。其他同学“嗖”地跑回自己的座位上坐好。我看到几张课桌上摆着几个纸叠的青蛙，我俯下身子问坐在前面的赵元亨同学：“你们在玩什么，能告诉老师吗？”赵元亨兴高采烈地说：“老师，我们在用纸折的青蛙比赛，刚才我赢了！”噢，原来学生们在玩青蛙跳远比赛。我明白，此时此刻决不能打击同学们的积极性，否则这节课肯定要“砸锅”。于是我对同学们说：“同学们这么喜欢折纸，课下我们一起玩好吗？老师还会折好多呢？现在我们先上课好吗？”同学们聚精会神地听起课来……

课外活动时间，我来到教室，同学们叽叽喳喳地围在我身边，让我教他们折纸。看着这些活泼天真的孩子们，我产生了这样一个念头：何不用色彩缤纷的手工纸开展一次综合实践活动？我询问同学们：“大家这么喜欢折纸，你们最想折什么？”

“小鸟！我希望自己像小鸟一样在蓝天上自由飞翔。”

“汽车，我希望自己开着汽车来上学。”

“孔雀，我希望自己像孔雀一样美丽。”

……

同学们七嘴八舌、兴致勃勃地议论着。“可老师有些东西也不会折呀？”“不如我们成立个折纸研究小组怎么样，大家一块来研究，这样不就解决了吗？”我班的点子大王杜伟说。“行！”杜伟的号召得到大家的一致通过。

同学们热情高涨，可到底折什么？怎么折？大家你看我，我看你，最后目光集中在我身上，我顺势引导学生在班内举行讨论会，你一言我一语，献计献策。有的说：“要准备手工纸。”有的说：“要准备胶棒。”有的说：“要准备剪刀。”有的说：“要准备尺子。”有的说：“要准备双面胶”……听着同学们提的建议，我心中暗喜，真没想到，他们比我考虑得还要周到。最后，我对同学们说：“大家考虑得很周全，也很细心，根据刚才大家说的，我们从现在开始准备，两天为限，两天后我们开始折纸活动，好不好？”“好！”同学们声音洪亮，震得我耳朵嗡嗡地响。

经过认真准备，活动时同学们纷纷拿出各种颜色的手工纸、剪刀、双面胶、胶棒等。看着同学们的兴奋劲，我的手里也直痒痒，说道：“现在开始吧，看谁折的作品多？”同学们三个一群五个一伙，只见纸在同学们的手中翻来转去，一件件作品从学生的手中涌出……

十几分钟过去了，我忽然发现有的同学东张西望，好像在寻找什么，手里拿着折出的作品发呆。我对同学们说：“现在我们交流一下折出的作品好吗？谁先来？”同学们纷纷介绍个人、小组的作品。大家折出的作品真丰富，有青蛙、千纸鹤、船、提篮、房子、宝塔、小狗等。汇报快要结束了，忽然，班长李广站起来对我说：“老师，怎样才能折出更多的作品呢？像汽车、金鱼。”李娜说：“老师，我和段成都是折的千纸鹤，他的能站住，我的为什么站不住呢？是不是纸厚薄的原因？”一石激起千层浪，辛惠举手说：“有一次，我在家做作业，不小心把水杯弄倒了，我的数学课本上的封皮和旁边的餐巾纸上都沾上了水，我发现餐巾纸吸满了水，而封皮却用手巾一擦就没水了，这是为什么？”王译说：“大家知道纸是怎么造出来的吗？它有什么特点？”……

我原想，这是一次简单的手工折纸活动，没想到却引来了同学们这么多的话题，我感受到学生们对知识的渴望。我和同学们一起决定，以纸文化的研究为主题开展综合实践活动研究，一起探寻纸的秘密。

综合实践活动课程是以学生的经验与生活为核心的课程，具有实践性、开放性、综合性、生成性、探究性，它没有固定的教材，而是由教师和学生共同在实践中探索新知而生成，进而逐步发展形成的。学生是课程的主体，在教学中我们要以学生的直接经验或生活经验为基础，敏锐地捕捉和把握来自学生的信息，以学生的需要、动机和兴趣为核心，充分发挥学生的主动性和积极性，合理有效地开发综合实践活动课程资源，探索性地引导学生参与实践活动，使学生得到全面的、和谐的、充分的发展。

（原文刊发于《山东教育》2009 年第 25 期）

五、用心体验快乐，以思指导行动

冬季长跑活动，是学校开展体育活动的重要内容，也是贯彻落实中央7号文件精神，开展阳光体育运动，提高学生体育健康素质特别是耐力素质水平的有效措施，对培养学生的心理健康素质尤为重要。但是，冬季长跑活动在开展过程中，有的学生刚开始长跑锻炼时还劲头十足，不久就意志薄弱半途而废；有的学生因为“恐惧心理”不由自主地说谎话逃避长跑锻炼；有的学生因为他人的“劝降”而中途退出。结合在冬季长跑活动开展中亲历的教学案例，从学生思想教育、积极引导、有效措施等方面谈一下我的做法。

（一）情景再现

骤然而至的一场雨夹雪，影响了我本已设计好的耐久跑教学预案，我让体育委员通知同学们临时改为室内课。课上我信心十足地给学生们讲解冬季体育锻炼对身体健康的益处，介绍耐久跑正确的呼吸方法，锻炼时应该注意的问题等，并且组织大家一起讨论冬季可以开展哪些有益的体育活动。“踢毽子”“投沙包”“跳方格”“踢足球”……同学们各抒己见。

“老师，冬季长跑也是非常有意义的体育活动。”李同学站起来对大家说。

“每天的长跑太累了，还不如做游戏轻松呢。”赵同学反对道。

对于两位学生的见解，有支持的，也有反对的，一正一反两个观点，使本来就情绪高涨的教室内，顿时像炸开了锅，火药味十足。体育委员对我说：“老师，请您说一下他们谁的观点正确，好吗？”这不是教育学生坚持积极参与长跑活动的最佳时机吗，我心中窃喜，然而直觉告诉我，倘若一针见血地说参加长跑活动是正确的，可能会打击一部分学生的积极性，也许会造成学生间更紧张的对立。“同学们，对长跑活动大家说出了自己的心里话，老师非常的高兴，可是，大家这样争论下去，是找不到答案的，不如大家静下心来，用你手中的笔，描绘一下你心中的冬季长跑，写出你的真实感受，十分钟以后大家交流，好吗？”我顺势引导。“好”！ 同学们异口同声。

教室里立时安静下来，只听到笔尖行走在纸上的“唰唰”声……

（二）学生心语

“每天听到冬季长跑活动开始前播放的《运动员进行曲》，我就非常兴奋，和同学们奔跑在田径场上，没有了学习的郁闷，迈着整齐矫健的步伐，一身轻松……”十分钟后，体育委员首先发言，引得持正方观点学生的一片掌声。

“刚开始参加冬季长跑，我感觉很新鲜，可是时间久了，就感觉这样跑太枯燥了，这是我讨厌冬季长跑的缘故……”大家认真倾听着小明的发言，有的学生好像也被感染，陷入思索之中。

“同学们好，由于身体原因医生不允许我参加过度的体育活动，可是看到大家每天高高兴兴去参加长跑活动，跑完之后一起笑着、闹着，开开心心地回到教室，我非常羡慕大家。老师安排我每天给大家播放音乐，我是幸运的。告诉大家一个秘密，虽然我不能和同学们一起在操场上自由飞翔，可是我也坚持在播放室狭小的空间里来回慢跑，我也是开心快乐的。”激动的泪花充盈在李同学的眼中，他刚刚说完，教室里立即响起经久不息的掌声……

在进行了深入的讨论交流后，学生们逐渐达成共识，大家对冬季长跑活动有了进一步的认识，纷纷表示愿意积极参加长跑活动。

（三）活动策略

冬季长跑活动，是一项增强青少年身体素质的有意义的体育活动，对于学生的意志品质、吃苦耐劳等优秀行为习惯养成有着重要作用。但是，在冬季长跑活动的开展中，学生的思想教育工作应该引起我们重视。

1. 思想总动员，增强主体感

学生是课堂的主人，更是冬季长跑活动的主人。学生思想的统一认识，是搞好冬季长跑活动的前提。第一，利用体育课、主题班会、队会等多种形式进行思想教育和宣传。第二，利用多媒体观看冬运会、冬奥会等比赛录像，让学生感受运动员的飒爽英姿，身临其境，培养参与冬季长跑的信心和勇气。第三，举办以冬季长跑为主题的手抄报、冬季长跑活动口号征集、冬季长跑主题黑板报等，创设活动氛围，增强向心力。第四，教师要注意关注差异，区别对待。对于身体有残疾的学生，在获取医生证明的情况下，合理安排这部分学生参加力所能及、适于特殊学生身体素质发展的活动练习内容，做到冬季长跑“不让一个学生掉队”。

2. 活动形式要多样，保持新鲜感

部分学生因为长时间参与锻炼，感觉集体长跑练习形式单一、枯燥乏味，这就需要我们体育教师积极动脑，创新冬季长跑练习形式，在保证每天跑的距离基本不变的情况下，采用多种形式调动学生参与热情。如，螺旋跑、折返跑、追逐跑、障碍跑、接力跑等。无论哪种形式，体育教师和班主任都要盯上、靠上，身先士卒，师生齐跑，充分发挥体育小组长和体育骨干的带头引领作用，提示学生注意安全，杜绝安全事故的发生。

3. 活动过程抓监督，增强纪律感

制定切合实际的长跑监督制度、合作互助制度，对班级参与长跑活动的情况翔实记录。对长跑活动中“调皮生”要适时进行纪律教育，使其克服自身缺点，切忌“放任自流”。

4. 活动效果搞评比，增强团队感

阶段性总结与结束性总结相结合是开展好冬季长跑活动的延续和深入，也是促进学生积极参加冬季长跑活动的内驱力。经过四至五周的长跑锻炼后，体育教师与大队辅导员、班主任紧密结合，举行小型的长跑比赛，如，组与组之间、班与班之间等形式，对长跑活动中表现优异的学生授予“长跑小健将”“长跑优秀小组”“长跑优秀团队”等，激发学生参与的信心，增强合作意识和团队意识，逐渐形成人人争先的冬季长跑氛围。

此外，在冬季长跑活动中选择学生们喜欢的健康向上的音乐进行播放。

根据身体机能运动前后不同的特点，长跑结束后教师要注意合理安排放松活动，如，肢体摆动、慢走、意念放松等，在舒缓音乐中身心得到放松，有利于学生克服长跑后的疲劳，减少跑动劳累产生的压抑感。

总之，作为学校教育课程的体育课，不仅对学生体育运动能力和体质健康水平的提高发挥着主导作用，而且对于学生的心理健康教育有其他学科无法比拟的优势。通过体育课引导学生形成良好的心理健康，多措并举挖掘教材中的心理健康因素，积极鼓励确立学生课堂的主体地位，培养学生良好的学习习惯，因人施教，培养学生健康的心理品质，通过体育课中教师言行举止的引导、体育游戏引导、体育项目教学引导、教学比赛引导以及室内课的健康教育引导等，来培养学生的心理健康。

第二节　关爱“特殊”学生，助力茁壮成长

新课程标准提出，“为了一切学生、为了学生的一切”。人民生活水平不断提高，我们周围的肥胖者越来越多，尤其是肥胖的学生也随之增多。如何帮助这些“特殊”学生积极主动地投入体育锻炼中，享受体育活动带来的乐趣？如何帮助“特殊”学生上好体育课，克服自卑心理，培养他们自觉参加体育锻炼的兴趣呢？这是体育教学中遇到的难题，是我们每一位体育教师的职责和追求的目标。

有人说，理解是沟通的桥梁，信任是铺路的基石，真诚是指路的明灯，关爱是成功的秘籍。“特殊”学生也是独立的有思想的活生生的人，要在体育教学中尊重、关爱、鼓励他们，多一份细心，多一份爱心，多一份关心，才能使师生关系和谐和信任，帮助其建立上好体育课的自信心。

一、“牵”手观“音”，“豪”情万丈

小明，是去年新学期我接手五年级二班的一名肥胖学生，身高 120 厘米，体重 60 千克，双眼皮，小平头，很是精神。体型看上去宽宽的、肥肥的、肉肉的，略显“拙笨”。

问题凸显——肥胖生

第一节体育课，当我宣布绕场地慢跑时，“老师，我跑不动，我能不跑吗？”一只胖嘟嘟的小手高高举起。同学们顿时哈哈大笑起来。“你叫什么名字？”听到我的问话，他不知是由于胆小还是羞怯，脑袋耷拉下来不吭声。

“老师，他叫小明，以前上体育课时他总是在一旁看我们玩的。”

"因为他太胖了，跑不动跳不起"……

学生叽叽喳喳地给我这个"新"体育老师介绍起来。"好的，下面请小明同学给我们当裁判，看谁跑得整齐好吗？"我把他安排到跑道内侧场地内见习后，带领学生开始了新学期第一节体育课的跑步热身活动。

反思一："问题学生"始终是体育老师的头疼事。生活质量的提高，学生身体吸收功能的强大，是造成当今学生肥胖的原因之一，身体生理机能的变化又成为学生不想运动、不愿运动的瓶颈。面对因为"问题学生"产生的课堂突发事件，需要教师冷静下来，不能因为突发的事件影响正常的体育教学，如何巧妙给足"问题学生"面子是解决问题的根源，科学合理利用"问题学生"的"监督"功效，更是为帮助他们健康成长的第一步。

点燃激情——自信力

在小明的"监督"下，也或许是第一节课的缘故，同学们表现得都很积极，跑步时互相提示着，没有你推我挤的，没有边跑边说的，也没有脱离队伍"我行我素"的，跑步过程中队伍横向、纵向排面基本上是一个水平面。在我的带领下，8 节简单的绳操后开始了本节课的学习内容——跳绳。学生自由尝试练习，我也借此观察了解了学生的跳绳水平，以便今后制订更为符合学情的跳绳单元计划。巡回中我发现，学生跳绳技术水平参差不齐，女生较男生连续跳绳要好些，小明也在努力地跳。1 分钟跳绳小测验，多数学生在 100 次左右，最多的跳 156 次，小明 11 次（没有一次是连续跳过的）。"同学们，你们想不想超过现在的次数啊？""想！"学生的回答震耳欲聋。我趁热打铁，从握绳的方法、摇绳的角度、双脚的蹬地、上下肢的配合等，结合跳绳教学挂图进行了动作要领的讲解和动作完整示范。看到几个学生跃跃欲试的神情，接着分小组开始合作练习。"小明，你是不是也想跳得多些啊？""想。"声音不高，但我看出他内心的渴望。"老师相信你一定会和你的名字一样棒，做个豪情万丈的男子汉，来，我们一起跳。"

反思二：每个人都有获得进步的权利和获得成功的欲望，当"问题学生”产生这种想法时，更是其发自内心地对知识与能力的渴望。当学生有了这种念想后，作为教师要积极鼓励，不能因为他的缺点存在半点的歧视或敌视。问题学生本身的心理状态是复杂的，他也想成功，也想获得尊重，但是因为身体超重，或许并不会像正常体重学生那样做出完美的动作，教师发现点滴的“进取心”就应该去接纳他，这更是肥胖学生能够主动参与体育活动的关键。

再次受挫——伤心地

课外活动时间，看到同学们兴高采烈地在篮球场上练习跳大绳。回忆儿时“跳绳风采”，不由自主地也加入练习的队伍。在我的指导下，从多人一起跳大绳到大绳摇起来同学们依次进绳跳，从“海底捞月”到“8”字跳绳，同学们虽汗流浃背却不亦乐乎。

“老师，我跳一下可以吗？”小明不知道什么时候来到篮球场地上。

“不行，你肯定跳不过去。”一名学生边摸着脸上的汗水拒绝了他。

“同学之间都是朋友，对吗？谁来邀请小明和我们一起玩？”如愿以偿，小明站在跳绳中央，在两名摇绳同学的协助下，“砰”的一声，伴随绳子的摇动，小明的双脚和水泥地面接触一刹那发出一声“巨响”，结果可想而知，绳子被他左脚拦在一侧。再来，连续5次，还是同样的结果。“不行，我不跳了。”看着他满脸遗憾地离开大家，我的内心为之一颤。

反思三：走进学生“圈子”是教师了解学生、认识学生的最佳路径之一，能和学生“玩”在一起的体育教师必定是更受学生喜欢、尊敬的老师。在与学生“玩”的过程中，将自己已有的知识、经验、技能、方法等传授给学生，学生会发自内心地佩服教师，“向师性”自然流露，练习的激情与热情会与日俱增，学生的体质也会随之提升。学生领悟知识、掌握技能的快慢，与自身的运动能力和运动水平密不可分。如，没有经过任何的练习有的学生跑得快，有的学生跳得高，有的学生力量大，有的学生看到动作示范就能有模有样地模仿等，天生俱来的能力会帮助学生更快更好地掌握所接受的新事物和新知识。不可否认的是，运动能力和运动水平本来就不足的学生，则需要经过重复的、大量的、刻苦的练习才会有所提高，前提还要学生发自内心地想学、乐练，如果教师一味地“填鸭式”灌输，效果则适得其反。

牵手行动——呐喊声

“老师，我怎么才能跳过绳去啊？”又一次室外活动，小明牵着我的衣襟小声地问我。时机成熟，几天来我冥思苦想为他制定的“运动处方”开始实施。

“谁愿意和王老师一起跳绳啊？”

“我！”“我！”周围的学生纷纷举手。

“但是，我要和小明一起玩，同意的我们现在开始，在跳绳的过程中，谁能教会小明谁就是跳绳大王，好吗？”我的计谋在逐步“得逞”。

“你要看着摇绳人的手，感觉绳子快摇到了就把双脚跳起来。”“你的双脚要用力向上跳。”“跳起来的时候要用脚前掌先着地。”“跳的时候你的手臂要夹紧，不能向外展开。”“落地的时候要轻一点，不要跺”……同学们没有一句抱怨，没有一句嫌弃，没有丝毫的歧视。小明在大家的点拨下一点一点改正过绳时的动作，没有任何的胆怯，没有丝毫的气馁。10 次、20 次……“我跳过去了，我终于跳过去了！”小明挥舞着手臂，大声地呐喊着，他的神情比获得奖励都要开心。其他同学也竖起大拇指对他说，“小明，好样的！”此情此景，让我也着实感动了一把。

反思四：面对肥胖的学生如何帮扶？若教师主动给学生制订练习计划，学生是否会甘心接受？学生接受计划是否能达到预期的效果？如果主动让学生之间互相帮助，其他学生是否心甘情愿？从第一节课开始出现的问题始终萦绕在心头。经过一番酝酿，“牵手行动”正式实施。实践证明，调动学生间的主动性是最佳答案。《义务教育体育与健康课程标准（2022 年版）》强调学生间的合作精神、团结互助。作为教师，面对学生的“我愿学”要把握住教育学生的时机，面对学生的“我乐学”要想尽办法调动周围的积极因素，学生有了主观愿景，有了乐学的思想，教师就要积极引导，帮助学生之间建立相互信任的关系。面对问题，一个人有一个思想，两个人有两个思想，无数人的思想汇集在一起产生的力量是无穷的。“赠人玫瑰，手有余香”，学生间真诚的互帮互助是解决问题的最佳策略。

持之以恒——效果明

时间飞快，一学年的时间马上就结束了，在我校开展的初级花样跳绳一分钟比赛中，小明跳了118次，对于跳绳掌握得好的学生来说，这个数字可能微不足道，但是对于身体胖胖的小明来说，可谓创下天文数字，在“8”字绕绳跳中，他也能跟上同学们的步伐，行云流水中他还不时和同学开着玩笑。一年的变化，一年的风景；一年的付出，一年的收获，再次回想接这个班的第一节课发生的场景，“老师，我跑不动，我能不跑吗？”这句话已经成为过去，现在的小明，不仅喜欢跳绳，也喜欢跑步。

反思五：有付出必有收获，汗水的背后既有成功，也有成长。当面对失败、面对困境时，需要勇气与执着。“不经历风雨怎能见彩虹”，对于肥胖学生而言，则要付出比常人更加艰辛的努力，当遇到挫折时，只有持之以恒才会有进步。在成长的道路上，“没有人能随随便便成功”，有勇气，有毅力，有恒心，有教师的引导，有家长的呵护，有同伴的帮助，每个人都会获得不同的风景，人生的道路便会越走越宽，豪气冲天！

（原文刊发于《中国学校体育》2015年第11期）

二、有效激发肥胖学生热爱体育活动的策略

（一）案例描述

新学期我接手的是三年级的体育课。上课时，在队伍前排第三位的一

名身体胖胖的学生引起了我的注意，询问得知他叫小宝，体重 48 千克，与同龄的学生相比，体重严重超标。当我带领学生跑步做准备活动的时候，开始时他还能跟随“大部队”行进，但是跑不到 50 米就落在队伍的后面，双腮通红，气喘吁吁，然后悄悄地躲在一边，“欣赏”其他同学跑步。看到他难受的样子，我很是心疼，哎，都是肥胖惹的祸！在给其他学生讲解、示范本节课教学内容、学生分组练习的间隙，我了解得知小宝爱上体育课，但是不喜欢参加体育锻炼和体育活动，而且在一二年级体育课分组练习时，班内的同学谁也不愿意和他分在一组。了解情况后，我把他叫到身边，“来，和老师一起比赛跑步好不好？”起初他带着怀疑的目光望着我，过了十几秒，他点了点头答应了。我带他来到起点线，告诉他跑的距离，让他站在我前面 5 米处，比比谁跑得快，随着一声“跑”的口令，只见他努力地向前跑去，我在后面“紧紧追赶”，他最先到达了终点。“你跑得好快啊，还敢和老师比吗？”“敢！”与刚才的犹豫相比，他的回答异常响亮。接下来，采用他在前、我在前的形式各跑了 2 次，然后我精心安排几名学生和他一起比赛，“故意”输给他，每次都是他获得胜利，他的脸上逐渐露出满足的、开心的、胜利的笑容……

（二）案例分析与思考

肥胖学生不愿参加体育活动一直以来是体育教师课中面临的一个难题，对体育教学的顺利开展造成了一定的困难。如何正确引导他们喜欢体育课、喜欢体育锻炼呢？

思考一：调查了解，有的放矢。肥胖学生作为班级的个体是客观存在的，在体育课练习过程中，由于生理原因，这样的学生往往承受着沉重的生理和心理负担，逃避练习、应付练习现象随之而来，自卑感重、信心不足，“不合群体”，最终导致厌倦上体育课。这就需要我们利用空闲时间多了解学生的想法，沟通交流，做肥胖生的好朋友。深入细致地调查了解，是有的放矢进行指导锻炼、使肥胖生喜欢体育课、喜欢体育锻炼的基石。

思考二：培养兴趣，增强自信。能否激发运动兴趣是肥胖生喜欢体育课、喜欢体育锻炼的关键。因此，教学中我们应投其所好，设计特殊的教育方案，采用特别的教学方法和学法指导，因材施教，分层教学，培养其参与体育锻炼的爱好和兴趣。上述案例中，根据课堂中遇到的具体问题，随机产生的“和我一起比赛”是教师故意设下的“圈套”，也是有利于激发学生兴趣的动因所在，在一次次品尝到胜利后，学生自信心、积极性、锻炼的兴趣被有效地激发出来。

思考三：鼓励为主，评价多元。针对肥胖生的身体状况，体育课上教师要勤指导、勤帮助、勤鼓励，在“度”的原则下，不要吝惜适时的表扬，对于他们的点滴进步采用适当方式给予奖励，让他们享受到成功的喜悦。

思考四：持之以恒、注重实效。肥胖生往往意志力薄弱，再加上有些体育项目的单一性，极易产生“枯燥感”，逆反心理、不能持久地坚持锻炼也随之产生。因此，在教学中，我们要注重练习形式的多样化、有效化。

痴情不悔操场魂，砥砺奋进成长路

学校体育是立德树人的重要载体，作为一名体育教师，肩负着学生健康成长的神圣使命，让每一名孩子享受快乐的体育教育是我的教育信念。我从事农村体育教学工作24年，在年复一年的坚持、学习、实践、思考、研究、奋斗中，不断实现蜕变，目前在肥城市教育科学研究中心工作，虽工作职能发生了转变，但始终坚守在体育教学、训练、科研的道路上。回首走过的路，我的成长离不开专业能力的不断提升，总结起来有六个方面发挥了至关重要的作用。

信念——专业能力提升的奠基石

1995年，我毕业后分配到农村山区学校任教，作为体育教师，怀着激动的心情走向崭新的工作岗位，抱着积极向上的心态迈入新的工作环境。我除了担任体育学科教学外，既从事过数学教学，也教过品德与社会、综合实践活动等学科；既在学区驻地的学校工作过，也曾在教学点学校“走教”过。进入新岗位的第一天，我暗下决心，一定用实际行动践行为人师表、身正为范的誓言。我在仪阳乡第一初级中学任教时，学校现状是音体美属于“小三科”，再加上体育器材少、体育场地小、体育教材缺乏、无教参等困难，当时的体育课处境是尴尬的。但是器材再少，没有阻止我实践梦想的脚步；场地再小，也挡不住我和学生追逐和嬉戏。没有体育教材，我就把在教科书中的做法以及曾经在学校掌握的体育常识和练过的运动技能，编成适合学生运动能力的“活教材”，把小时候和伙伴们玩的游戏和学生生活中玩的游戏加工改进后引入课堂，体育活动的开展拉近了我与学生的距离。1997 年 9 月，我来到仪阳乡下庄小学任教，当时因为学区组织广播体操比赛，离下庄小学不远的王庄小学没有体育教师，学校赵校长找到我当时所在学校的杨校长，让我帮助他们去教广播操。当天下午，赵校长便带我去了他们学校，286 名学生成体操队形散开，班主任站在队伍中维持纪律，我站在平地上讲解示范，后面的学生既听不清更看不到，怎么办？急中生智，请赵校长搬来两张桌子，我站在上面大声地讲解，每当我示范动作的时候下面的桌子摇晃得厉害，两位老师就赶忙扶住桌子保持平衡。就这样，在大家的共同努力下，短短三天时间，该校全体学生全部掌握了第八套广播体操，经过一个月持之以恒的练习，在比赛中取得了优异成绩。因为体育教师匮乏，在仪阳乡下庄小学任职期前，我每周骑自行车去王庄小学、马堂小学、槐树坡小学等教学点“走教”上体育课，每当进入校门口时，学生纷纷跑过来欢迎我，心中的自豪感油然而生。做游戏、练技能、搞比赛……学生练得不亦乐乎，红彤彤的笑脸像花儿一样美丽。无论在哪个学校任教，我始终没有离开钟爱的体育事业，始终没有离开喜爱的体育课堂，始终没有离开喜欢体育课的孩子们。因为有一个强大的信念在支撑——做一个有为的、称职的体育教师。

学习——专业能力提升的动力源

虽然有师范学习的专业知识基础，有老教师的精心指导，但我对于体育教材内容把握、学生指导、业余训练等具体情况倍感力不从心，渐渐认识到，课堂教学水平的提升、教学素质的提高，必须有系统的教育理论来打基础。繁忙的工作之余，我静下心来阅读《中国学校体育》《体育教学》《青少年体育》等书籍，汲取营养，补充“大脑”，反思课堂，总结经验。暑假中，市师训科让我为新分配的体育教师做《义务教育体育与健康课程标准（2022 年版）》解读的培训。接到任务后，我一片茫然。新课程标准是多少专家的精心研究的成果啊。作为农村体育教师，让我去解读专家们研究了十年甚至几十年的课程标准，从理论的角度我如何能解读呢？如果根据新课标文本和专家的资料照本宣科老师们会听进去吗？了解得知，参与学习的体育教师均是大学本科生，有的还是硕士生，他们的专业知识丰富，理论基础也很深厚。他们缺少什么？他们急需什么？他们希望在培训中提高什么？经过反复的思考后，我决定将平时学习总结的做法，结合在体育教学中的经验和困惑对《义务教育体育与健康课程标准（2022年版）》进行校本化解读。经过精心准备，我作了“《体育与健康课程标准》校本化解读与探索——我们的行动之路”专题讲座，从立足于教学实践中的反思总结刊发的《规范课堂常规，实施有效教学》《体育课堂“师生冲突”的处理策略》《评出精彩，评出特色》等文章，从体育教学、体育活动、体育游戏、体育健康、体育资源、体育教研六个层面将自己在体育课堂上的所做、所想、所悟进行了详尽的阐述与分析，鼓励大家多学习多交流，在相互碰撞中共同进步，在思想交流中共同提高。在这次讲座中，我也经历了一次头脑风暴的洗礼，一次新课标理论理念的再认识，一次学习研究的再升华。

实践——专业能力提升的必由之路

体育教师是新课程的实践者和研究者，离开课堂，远离操场，就犹如“鱼儿离开了水”。实践是什么？实就是求实，务实，实事求是；践，即践行，从主观能动出发，用实际行动去验证。说到底，实践就是“做”。做什么？如何做？做到什么样？2003年，在仪阳镇王晋小学任教期间，我看到《中国学校体育》杂志社举办“全国小学生纸飞机游戏通讯赛”，向李校长做了汇报，在广泛征求老师们的建议和意见后，学校利用课外活动时间开展全校性的折纸飞机创意和投纸飞机比远度大赛。瞬间校园和操场上空成了纸飞机的“海洋”，学生快乐地奔跑着、嬉闹着，比学赶帮超，不知不觉中学生的投掷、协调、灵敏等素质得到增强。经过班、校层层选拔，学校选拔出成绩突出的学生按照比赛成绩和比赛规程进行上报。装有学生成绩和比赛照片的邮件寄出后，全校师生都在翘首期盼比赛结果。当李校长在全校师生会上宣布杂志社邮寄来的获奖通知后，全校顿时沸腾了。三名学生获得一等奖，四名学生获得二等奖，校长获得支持学校体育校长奖，学校荣获全国投纸飞机游戏通讯赛优秀组织奖，我荣获全国小学生纸飞机游戏通讯赛优秀指导教师。此后，学生投纸飞机的热情更加高涨。作为体育教师，更要有善于发现的“眼睛”，在多学习、多思考的同时，利用自身体育特长为学校开展有意义、有价值、有效果的体育活动，不仅能丰富学生的课余生活，也能够对学校构建有灵气、有动力、有成果的课外体育活动贡献自己的力量。校长的支持是开展好体育活动的关键，教师的积极参与是开展好体育活动的坚强后盾。当我们产生或发现好的想法时，要及时和校长、教师交流沟通，如没有大家的思想统一和众志成城，再好的想法也会付诸东流。因此，作为体育教师不仅要积极做好本职工作，还要对有利于学生健康成长、学校特色发展的体育活动开拓创新。

我利用红丝带和两端带环扣的橡皮筋，一物多用服务教学，自制学具培养学生创新意识，帮助学生快速掌握跨越式跳高动作要领；针对学生个体差异，重视体育课程资源的开发，组织学生开展既感兴趣，又能提升学生身体素质的体育游戏，发挥身边生活资源的育人功能，如小树林、旧报纸、编织袋、彩旗等，实现运动能力、健康行为、体育品德等学生核心素养的培养目标。拔河、跳绳、竹竿舞、长跑……一系列体育活动的扎实开展，为学生身体素质的提高打下坚实基础。学生玩得开心，玩得快乐，玩得幸福，我也为自己专业成长获取了珍贵的“第一桶金”，为今后的个人专业成长积累了重要的砝码。

思考——专业能力提升的催化剂

“一名教师，可以没有成熟的思想，但绝不能停下思考的脚步。”把做过的事通过反思进行有效总结，对今后的教学有百利而无一害，更重要的是通过有效的反思，正确认识自己、发现自己、完善自己。“德智体美劳”中的“体”是指什么？是不是仅仅指要有健康的身体？在高中学习时期，因为喜爱体育所以参加了体育特长班，感觉锻炼使身体强健，利于实现大学梦。工作后逐渐认识到，学生强健的体魄离不开体育课的有效指导，离不开体育课上的有效练习。体育教法如何创新？教师如何进行有效指导？体育技能如何提高？如何保证学生的心理健康和社会适应能力？如何激发同行教师的研究热情，促进共同成长？2013年我在仪阳镇一滕小学任教期间，与两位体育教师在二至四年级六个班，采用行动研究法和对比法实验法对攻打“炮台”游戏方法的科学性、游戏规则的适用性、场地资源的合理性、使用器材的安全性等情况进行深入研究，对游戏价值有了更为理性的认识和思考，撰写的《“攻打‘炮台’”游戏研究的微型实验报告》刊登于《中国学校体育》，此后整个体育组教研氛围活跃了起来，教学研究成为体育教师的自觉、自主行为。

研究——专业能力提升的助推器

走上教学岗位之初，我曾是一团雾水，研指什么？研什么内容？为什么研？谁去研？我认为研究是专家的事情，是专家专属的权利。实践中发现，研究就是把我们体育教学、体育训练中出现的小问题、小事件解决了。体育教学中的困惑、课堂中的机智处理、与学生发生的碰撞交流、教学组织的思考、学习方法指导的反思、有限场地的开发和利用、体育器材的一物多用和重组、教材的改进和完善、游戏的创编和整合等，诸多环节的积累，记录的过程就是在搞研究，能把以上研究内容经过反复验证、深思熟虑后形成独特见解就是研究成果。

“一花独放不是春，万紫千红春满园。”2014年9月，泰安市教育局批准成立体育名师王安工作室，我作为泰安市小学体育名师工作室领衔人，经过考核吸纳11名中小学骨干体育教师，制订个人发展规划和工作室成员年度考核细则，定时开展教育教学研究。工作室举行了快速跑研讨课、50米快速跑展示课、前滚翻同课异构示范课等，上课、说课、研课、评课、磨课，老师们积极思考，开拓思路，诱发智慧，改进教学行动，教学水平得到显著提高，起到了典型带动辐射提升的效果。同时，工作室举行了《体育与健康课程标准解读暨体育教学常规活动组织及案例分析》《高端对决亮真功，思维碰撞促成长》等专题讲座。工作室把《中国学校体育》杂志社在“菁体育论坛”平台“草根争鸣”定期举行的论坛交流作为成员的必修课，在交流中思考，在研讨中提高，在总结中完善。同时，工作室积极申报研讨话题，主持承担了第76期“体育教学中巡回指导的有效策略”，第78期“体育教学中如何巧妙使用无声语言”，第84期“如何运用体育游戏辅助主教材的教学”的研讨活动，研讨流程和研讨过程得到专家的认可和赞扬。工作室成员撰写了《师生有效互动，建构优质高效课堂》《我的网络教研》《巧用编织袋培养学生的合作能力》等教研成果。目前，工作室成员在《中国学校体育》等国家省级报刊发表86篇文章，完成省市级课题8个，9名教师成为市级骨干教师。

2014年，我到仪阳街道京城希望小学任教。学校位于仪阳镇大柱子村驻地，是一所山区希望学校。学校辖区有12个自然村，经济条件落后，留守儿童和特殊学生较多。经过调研，学校成立了初级花样跳绳社团，确定了“绳舞飞扬，放飞梦想，享受快乐，健康成长”的活动主题，多个部门密切配合，器材配备、动作指导、活动检查等工作有条不紊进行。学校为每位教师配备短跳绳，循序渐进地开展了单双脚单飞跳、双人跳绳、集体跳大绳、“海底捞月”、“8”字跳绳、穿越“封锁线”等活动，并在镇组织的10人3分钟“8”字跳绳比赛中获得全镇第一名。《绳舞飞扬，健康成长——“初级花样跳绳”大课间活动案例》获泰安市中小学阳光体育优秀案例评选二等奖，《沐浴阳光，健康成长——以“初级花样跳绳”为例谈体育大课间活动的影响元素分析及对策》文章刊登于《中国学校体育》。初级花样跳绳的开展，丰富了师生校园文化生活，营造出充满活力、健康向上的校园体育文化氛围，调节师生身心，使其以充沛的精力走进课堂，走向操场，在阳光下自由奔放，增强了师师、师生、生生集体主义情感，合作意识和创新精神，以及团队的凝聚力。

2017 年，我来到仪阳街道石坞小学工作。由于农村学校缺乏专职体育教师，每年的学校运动会秩序册编排一直是比较烦累的一项工作，训练、报名、运动后前期的场地器材等各项筹备工作让大家忙得不可开交。我征求校长和校委会的支持，和老师们讨论交流后，确定了运动会秩序册编排实施细则。根据运动会设置的体育项目，我提前编写出比赛时间和比赛组别及项目安排，秩序册中的运动员名单、各项目参加比赛的运动员姓名、班级均由班主任提供电子稿，各年级一班班主任老师负责汇总本年级的数据，然后体育教师汇总出全校的数据，全体教师的集体参与，凝聚了力量，提高了效率，两天时间，一份完整的运动会秩序册电子版就整理完毕，做到了运动员姓名零差距，参赛运动项目齐全，有效避免了秩序册编排过程中的错误现象，调动全体教师对体育工作的支持，激发老师们对体育工作的热爱之情，形成融洽和谐的教师团队。

我主持的山东省《小学体育器材在教学中有效性应用的研究》《学校大课间精准提升学生体质健康的实证研究》课题通过专家鉴定并结题。《上挑式传接棒》在山东省首届优秀微课程评选中获二等奖。《“一物多用”下体育器材课程资源开发与利用的研究》获泰安市市级教学成果一等奖。

奋斗——专业能力提升的引擎器

奋斗是属于每一个人的权利，幸福也自然会在奋斗之后留痕。我先后被评为泰山名师、泰安市教学能手、泰安市小学体育学科带头人、泰安市体育名师工作室领衔人、泰安市优秀教育工作者、泰安市课程与教学工作优秀教研员、肥城市优秀教育工作者。山东省小学体育与健康特级教师工作坊成员，山东省教师教育网国培项目专家志愿者，国培计划（2019）——

紧缺领域国家级骨干教师项目体育教师（教研员）培训优秀学员。在《中国学校体育》杂志主办的“草根争鸣”论坛网络教研活动中我被评为优秀会员；2012 年在教育部学生体育协会联合秘书处与《中国学校体育》杂志社联合举办的“全国体育教师教育博客评比”中荣获特等奖，在教育部学生体育协会联合秘书处与《中国学校体育》杂志社联合举办的“全国体育教师网络论坛教研”中被评为网络教研先进个人；2017 年，经过课堂教学、现场答辩等环节考核，荣获泰安市首届中小学名师风采大赛金奖第一名。我的 40 余篇论文在《中国学校体育》《体育教学》《中国体育报》《山东教育》《教师报》《基础教育改革论坛》等报刊发表。

2019 年因工作需要，我来到肥城市教育科学研究中心担任体育教研员，指导老师们积极开展体育教学研究，努力提高课堂教学水平和业务能力。1 名教师获山东省体育优质课一等奖，2 名教师获山东省首届体育教师基本功比武一等奖，10 名教师获山东省“优课”。中小学校积极开展全市中小学阳光体育大课间活动，提升学生体质健康水平。建立起小学、初中乙组、初中甲组和高中组田径梯队，组织开展体育比赛，提高学生运动水平，在省市比赛中取得优异成绩，多次获泰安市中学生田径运动会局长杯、校长杯、团体总分第一名。

“幸福都是奋斗出来的！”农村体育教育作为新时代学生健康体质的重要保障更要有新作为和新贡献。“新时代属于每一个人，每一个人都是新时代的见证者、开创者、建设者。”运动成为习惯，习惯成就人生。感悟体育，享受体育，热爱体育，努力提高专业能力，做一名幸福的体育教师！

多学习、多积累，用积极的行动去把分内工作做好，赢得领导的欣赏，赢得同事的尊重，赢得学生的喜爱，把激情释放于自己喜爱的体育事业中。在我专业成长的道路上，感谢曾经一起工作的领导和同事对我的关怀和鼓励，感谢《中国学校体育》《运动》等杂志社提供的专业发展平台，感谢江苏省刘军老师，云南省张世华老师，河北省刘荣老师，山东省吕丙文老师、王占芬老师、范明刚老师、李宁宁老师、李悦老师、王晓东老师、王瑞晓老师等大力支持和帮助，在此一并表示衷心感谢！本人水平有限，敬请大家斧正。

王　安

2024 年 1 月

参考文献

[1] 毛振明，赖天德．解读中国体育课程与教学改革 [M]. 北京：北京体育大学出版社，2006.

[2] 张文普，王炳振．田径运动健身价值的开发 [J]. 体育学刊，2003，10（5）：45–47.

[3] 钟启泉，季浏．教学论——课程与体育与健康 [M]. 杭州：浙江教育出版社，2003：66–74.

[4] 王港．学校体育场地器材改革现状与发展趋势 [J]. 中国学校体育，2006（1）：78.

[5] 义务教育体育与健康课程标准 [M]. 北京：北京师范大学出版社，2022.4.